청소년을 위한

양성평등 이야기

청소년을 위한
양성평등 이야기

초판　1쇄 발행 2009년 8월 20일
개정판 3쇄 발행 2019년 4월 19일

지은이 | 이해진
펴낸이 | 김태화
펴낸곳 | 파라북스
편집 | 전지영
일러스트 | 류지민
표지 디자인 | 김영민

등록번호 | 제313-2004-000003호
등록일자 | 2004년 1월 7일
주소 | 서울특별시 마포구 서교동 343-12
전화 | 02) 322-5353
팩스 | 070) 4103-5353

ISBN 978-89-93212-77-8 (43330)

청소년을 위한
양성평등 이야기

이해진 지음

우리 안의 놀라운 능력은
성별을 의식하지 않고 '나 자신'을 있는 그대로 볼 때 찾을 수 있다.
남자인지 여자인지가 아니라,
내가 누구인지, 어떤 능력을 가지고 있는지가 중요하다.
나만의 개성에 맞게 자유롭게 꿈을 이루자!

파라주니어

성역할 고정관념에서 벗어나
'진짜 나'를 만날 수 있기를……

　지금부터 10년 전쯤, 서울에 있는 한 여자중학교에 양성평등 강의를 하러 간 적이 있습니다. 강당에서 강의를 하게 되어 그곳으로 이동했는데, 도착해 보니 강당문 일부가 부서져 있었습니다. 그 광경을 보고 동행하던 선생님이 좀 곤란해하며 "요즘 여학생들은 단단한 철제문도 부술 정도로 남학생 못지않게 거칠어졌다"며 옛날과 다르다는 비교를 하였습니다. 그래서 "요즘 여학생들이 특별히 더 거친 것이 아니라 과거엔 여자는 얌전하고 정숙해야 한다는 압력 때문에 그런 문제를 일으키지 않은 것이 아닐까요?" 하고 물어 보았습니다. 그랬더니 그 선생님은 "그렇게 생각할 수도 있겠네요."라는 반응을 보였습니다. 옛날에는 여학교나 여학생 반은 '정숙'이 교훈이나 급훈인 경우가 적지 않았으니까요. 물론 이 이야기는 문을 부순 사실을 두둔하려고 하는 것이 아닙니다. 남녀가 다르다고 생각하는 우리 사회의 시각을 보여 주려는 것입니다.

　과거에 비해 변화가 있긴 하지만 아직도 우리 사회 곳곳에는 '성역할 고정관념'이 남아 있는 것을 볼 수 있습니다. 학교에서 강의를 하다 보면 이런 점을 자주 느끼게 되는데, 안타까운 점은 여학생은 여학생들대로, 남학생은 남학생들대로 사회가 부여한 성역할 때문에 불편해하는 경우가 많다는 것입니다. 남학생들은 강하고 씩씩하며 모든 것을 해결하는 슈퍼맨이 되어야 한다는 사실을 부담스러워하고, 여학생들은 여자라는 이유로 제대로 인정받지 못하는 것에 불만을 토로합니다. 이런 불만과 부담을 보면서 좀 더 일찍 성역할의 문제점을 짚어보고 양성평등 인식을 키웠더라면 어땠을까 하는 생각을 하게 되었고, 우리 청소년들이 그 같은 생각을 키우는 데 도움이 될 만한 책을 써 보고자 하였습니다.

그런 생각에서 책을 출간하였고 벌써 7년의 시간이 지나갔습니다. 강산이 변할 만큼의 긴 시간은 아니지만 그래도 적지 않은 시간이 쌓인 만큼 사회가 변하길 기대했는데 아쉽게도 아직 그다지 변화를 이루지 못한 것 같습니다. 그래서 이 책이 우리 사회의 변화에 조금의 기여를 더 할 수 있지 않을까 생각하여 개정본을 냅니다. 개정본에서는 그동안 바뀐 내용을 반영하여 수정하고 내용의 일부를 보완하였습니다.

이 책은 우리가 어떤 과정을 거쳐 여성과 남성으로 되는지를 보여주고, 서로 다른 성역할 때문에 일어났던 (혹은 지금도 일어나는) 여러 가지 문제점과 사례들을 통해 성역할에 대해 생각해 기회를 주려는 것입니다. 그 기회를 통해 여성과 남성으로 구분하여 행동을 제약하는 성별이라는 그물망을 넘어 똑같은 소망과 꿈을 가진 사람으로 서로를 인정하고 보듬을 수 있다면, 성별 때문에 생기는 갈등도 줄어들 것입니다. 그러면 우리의 삶이 지금보다 더 자유롭고 행복해질 수 있을 것이라 생각합니다.

글을 쓰면서 내용과 관계있는 여성 인물들의 이야기를 가능한 많이 담으려고 했습니다. 잘 알려지지 않은 여성들의 이야기를 전하려는 의도도 있지만, 그들은 시대의 제약과 차별을 넘어서 누구보다 열정적인 삶을 살았던 사람들이기에 이들의 에너지가 여학생들에게 건강한 '내공'을 키우는 자극제가 되지 않을까 기대해서입니다.

이 글을 계기로 우리 청소년들이 생각과 행동을 제약하는 성역할 고정관념에서 벗어나 자신이 어떤 사람인지 '진짜 나'를 만나 스스로를 사랑하고 자유롭게 살 수 있기를 기대합니다. 이런 바람이 독자들에게 잘 전달되었으면 좋겠습니다.

책을 다 읽고 나면, 내가 누구인지 그리고 어떤 사람인지, '진짜 나'를 만나기 위해 스스로에게 말을 걸어 봅시다.

이해진

차 례

1장

만들어진 성별, 여자와 남자

2장

평등한 권리를 향한 긴 여정

3장 우리역사속여성인물만나기

4장

일하고 싶은 여성

1장

만들어진 성별, 여자와 남자

1

성역할 고정관념에 대해

  우리는 여자와 남자는 서로 다르다고 생각하고 성별에 따라 거기에 맞는 행동을 하도록 기대합니다. 이렇게 기대하는 것을 '성역할 고정관념'이라고 말합니다. 쉽게 말하면 '여자니까 이래야 하고, 남자니까 저래야해. 여자는 이런 일을 해서는 안 되고, 남자는 저런 일을 해서는 안 돼'라며 행동을 제한하는 것입니다. 만약 여자나 남자가 각자의 성별에 맞지 않는다고 생각되는 행동을 하면, 주변 사람들이 '남자답지 못하다'거나 '여자답지 못하다'고 흉을 보거나 비난을 하지요. 이 글을 읽는 독자 중에도 아마 '여자가 말이야'라거나 '남자가 말이야'라는 말을 들은 적이 있거나 해본 적이 있을 것입니다.

  그럼 그런 말을 들었을 때 어떤 기분이 들었는지 한번 돌이켜 볼까요.

"여자가 뭐 어때서?"

"남자라고 왜?"

드러내 놓고 말하지는 않았지만 분명 속으로 이런저런 불평을 했던 기억이 떠오를 것입니다.

과거에 비해 요즘은 여자와 남자를 구별하는 성역할 고정관념이 약해졌습니다. 그러나 아직까지도 우리 사회 곳곳을 자세히 들여다보면, 여성과 남성은 서로 다르며, 하는 일이나 역할이 다르다고 생각하는 사고방식이 많이 남아 있는 것을 볼 수 있습니다.

그렇다면 우리는 여성과 남성을 어떻게 바라보며 어떤 점을 기대할까요? 사람들이 여성과 남성 각각에 대해 생각하는 것과 기대하는 것을 비교해 보면 몇 가지 재미있는 점을 발견하게 됩니다.

첫째, 여성은 감성적이고, 남성은 이성적이라 생각하는 점입니다. 여자는 감성적이므로 자신의 감정을 드러내거나 표현해도 괜찮다고 여깁니다. 하지만 남자는 이성적이어서 감정을 쉽게 드러내서는 안 된다고 금기시하지요. 특히 남자가 자신의 감정을 드러내는 것은 살벌한 생존경쟁에서 지는 것으로 생각해 최대한 자신의 감정을 숨기고 감추도록 합니다.

주변에서 흔히 보는 예를 하나 들어 볼까요. 엄마, 아빠, 아들, 딸, 이렇게 네 식구가 슬픈 내용의 드라마를 보고 있습니다. 그런데 감동적이고 슬픈 장면이 화면에 나옵니다. 그 장면을 보고 엄마와 딸의 눈시울이 붉어지더니 급기야 눈물을 떨어뜨리면서 코까지 훌쩍거립니다. 이때 옆에 있던 중학교 2학년 아들도 같이 코를 훌쩍거리며 눈물을 훔칩니다. 엄마와 딸이 우는 것을 보고는 아무 말 하지 않던 아빠가 아들이 우는 것을 보고는 어이없다는 듯 바라보며 한마디 합니다. "야, 사내놈이 바보같이 울긴 왜 울어!" 아빠는 아들에게만 한심하다는 투로 핀잔을 하며 울지 못하게 합니다.

둘째, 여성은 수동적이어서 소극적이고, 남성은 능동적이어서 적극적이라는 생각입니다. 이런 사고는 첫 번째 것보다도 더 우리의 의식을 지배하여 여성은 조직이나 여러 사람을 이끄는 지도자가 되기보다 적극적인 남자의 지도에 따르고, 그것을 보조하거나 도와주는 역할을 하는 것이 더 적합하다고 생각하게 합니다.

2014년 여성가족부의 통계에 따르면, 이런 인식을 가진 사람들이 적지 않아 무려 46%에 이른다고 합니다. 그리고 이런 생각을 하는 사람은 남자가 여자보다 10% 정도 더 많습니다. 그러다 보니 기업의 CEO나 국회의원, 국가기관의 기관장 등을 맡은 여성의 수가 선진국과 비교할 때 많은 격차를 보입니다. 대부분의 조직을 남성들이 차지하고 이끌어가기 때문이죠.

초등학교에 가면 여학생이 반이나 학교의 대표자를 맡는 경우가 많습니다. 남녀가 구분된 중·고등학교에서는 여학생이 학교 내 모든 조직의 대표를 맡아야 하기 때문에 대표자의 경험이 있는 여학생의 수가 적지 않습니다. 그런데도 대학교에 입학하고 나면 거의 대부분 조직의 대표는 남학생이 차지하고 여학생들은 뒤로 밀려납니다. 리더는 남자라는 생각을 하다 보니 한 남녀공학 대학에서 처음으로 여학생이 학생회장에 출마하여 당선되자 뉴스에 보도되기까지 한 적이 있습니다.

사실 리더는 여자이건 남자이건 성별에 상관없이 조직을 이끌 능력과 리더십이 있다면 누구나 맡을 수 있는 직책입니다. 하지만 이상하게 책임을 많이 져야 하는 자리일수록 여성이 오르는 것이 쉽지 않습니다. 그것은 아직까지도 사람들의 의식 속에 적극적이고 활동적인 남성이 조직을 이끄는 리더가 되어야 한다는 믿음이 남아 있기 때문일 것입니다. 그래서 그런지 여성이 대표자가 되면 왠지 믿음과 신뢰가 가지 않는다고 생각해 능력을 의심하는 경우가 생기기도 합니다.

성별에 따라 소극적 혹은 적극적임을 구분하는 것은 사회·문화·역사에 따라 달라집니다. 스웨덴에서는 오히려 여자들이 자신을 적극적이라고, 남자들은 스스로에 대해 소극적이라고 생각하는 경향을 보인다고 합니다. 또 지금은 성에 따라 여자에게는 수동성을 남자에게는 능동성을 연결하지만 제국주의 경쟁이 한창이던 시기에는 달랐습니다. 식민지배자들은 피지배자인 식민지인들을 성별과 상관없이 수동적인 존재로 보았다고 합니다. 수동성과 능동성을 남녀 성별로 구분한 것이 아니라 지배, 피지배라는 지위와 연결하였던 것입니다.

셋째, 여성은 의존적이고 남성은 독립적이라는 생각입니다. 여성은 약하기 때문에 다른 사람에게 의지하는 경향을 보이고, 남성은 독립적이기 때문에 책임감이 강하다는 것이지요. 재미있는 예를 하나 들어 볼까요. 우리가 자주 보는 결혼식장의 풍경은 여자는 의존적이고 남자는 독

결혼식장에 동시 입장하는 신랑 신부

립적이라는 구분을 상징적으로 보여 줍니다. '신랑 입장!' 하면 남자는 혼자 당당하고 씩씩하게 결혼식장의 단상을 향해 걸어갑니다. 그러나 신부인 여자는 어떤가요? 보통 보호자인 아버지의 팔짱을 끼고 인도를 받으면서 다소곳이 고개를 숙인 채 조심스레 걸어가 신랑에게 '건네'집니다. 평소에는 적극적으로 자신의 일을 잘 해나가던 프로페셔널한 여자들도 결혼식장에서는 모두 하나같이 얌전한 신부가 되어 아버지에 의지해 입장합니다.

　물론 요즘은 이렇게 여자와 남자가 서로 다른 방식으로 입장하는 것이 불평등하다고 생각해서 신랑과 신부가 동시에 입장하는 경우가 많아지고 있습니다. 여러분들이 이다음 결혼하게 될 때쯤이면 이런 모습이 더 많아지길 기대해 봅니다.

어땠나요? 이상에서 본 몇 가지 사례처럼 우리는 여성과 남성이 서로 다른 특성을 가지고 있다고 생각하여 구분하려 합니다. 그런데 정말 여자와 남자는 다른 걸까요? 아니면 다르다고 생각하는 걸까요? 아니면 달라야 하는 것일까요? 만약 여자와 남자 사이에 차이가 있다면 태어날 때부터 그런 걸까요? 아니면 성장하는 과정에서 그렇게 되는 것일까요?

2

여자 만들기, 남자 만들기

여자는 분홍색, 남자는 파란색?

아주 오래전 고대 그리스나 중세의 사람들은 여자와 남자는 태어날 때부터 서로 다르다고 생각했습니다. 여자와 남자는 서로 다른 성별 특징을 가지고 태어나 다른 행동을 하는 것이라 여겼는데, 이런 고정관념은 19세기말까지 이어졌습니다.

그러나 이런 생각은 유명한 정신분석학자인 '지그문트 프로이트'에 의해 무너졌습니다. 프로이트는 사람은 누구나 양성성, 즉 남성성과 여성성을 동시에 가지고 태어난다는 새로운 이론을 발표하여 이전의 생각을 뒤집었습니다. 남자라고 하여 남성다움을, 여자라고 하여 여성다움을 가지고 태어나는 것이 아니라, 성장하는 과정에서 여성성과 남성성을 키우게 된다는 것이 그의 입장입니다. 프랑스의 철학자 '시몬느 드 보부

지그문트 프로이트
정신분석학의 창시자로 사람은 양성성을 가지고
태어난다고 주장하였다.

아르'도 자신의 책 ≪제2의 성≫에서 프로이트와 마찬가지로 '여자는 태어나는 것이 아니라 만들어지는 것이'라는 유명한 말을 남기면서, 여성다움이나 남성다움은 선천적인 것이 아니라 자라면서 학습하거나 형성하는 것임을 주장합니다.

태어날 때부터 성별이 구분되는 것이 아니라 성장과정에서 길러지는 것이라면 어떤 과정이 여자와 남자를 서로 갈라놓을까요? 우리는 어떤 과정을 거쳐 여자가 되고 남자가 되는 것일까요?

성별을 구분하는 일은 우리의 일상생활 곳곳에서 찾아볼 수 있습니다. 그렇지 않은 것 같지만 우리는 갓 태어난 아이일 때부터 무의식적으로 여자와 남자를 구별하고 서로 다르게 대합니다. 이탈리아의 한 병원에서 했던 실험을 보면 이런 점이 잘 드러납니다. 보통 병원에서는 아기가 태어나면 여자아기에게는 분홍색 옷을 입히고, 남자아기에게는 파란

시몬느 드 보부아르
실존주의 철학자로 '여성은 태어나는 것이 아니라
만들어지는 것'이라고 말하였다.

색 옷을 입혀 성별을 구분합니다. 그런데 실험을 한 병원에서는 여자인
지 남자인지 알아보지 못하도록 모든 아기에게 똑같이 노란색 옷을 입
혔습니다. 아기의 성별을 구분하지 못하게 한 것이었지요. 이렇게 하자
아기를 돌보던 간호사들은 어떤 반응을 보였을까요? 간호사들은 아기
들을 어떻게 대해야 할지 몰라 하며 순간적으로 당황하는 모습을 보였
다고 합니다. 간호사들이 이런 반응을 보인 것은 평소 갓 태어난 아기에
게조차도 은연중에 남자인지 여자인지 구분하여 성별에 따라 다르게 대
했기 때문입니다.

  또 다른 실험에서도 아주 어린 아기 때부터 성별을 구분해서 대한다
는 사실을 확인할 수 있습니다. 이 실험에서는 태어난 지 6개월 정도 된
아기들의 본래 성별을 숨기고 두 집단으로 나누어, 한 집단은 남자, 다
른 집단은 여자라고 한 다음 어른들에게 함께 놀도록 하고 반응을 살펴

보았습니다. 그랬더니 아기의 성별에 따라 어른들이 다른 태도를 보이는 것이었습니다. 아기들이 하는 똑같은 행동에 대해 남자로 알고 노는 어른들은 장난이라고 생각해 받아 주었지만, 여자인 줄 알고 노는 어른들은 놀라서 하는 행동이라고 생각해 도와주려하거나 꼭 껴안아 주었다고 합니다.

아기들은 누구나 보호가 필요한 약한 존재인데 여자아기에게만 보호하려는 반응을 보인 것은 우리가 무의식중에도 성별을 구분하고 다르게 대하고 있음을 확인시켜 주는 것입니다. 그러다 보니 우는 아이의 사진을 보고 그 아이가 남자라고 하면 남자건 여자건 다 같이 그 아이는 화가 나서 우는 것이라 생각하고, 여자 아이라고 하면 놀라서 우는 것이라 생각하는 실험 결과가 나오게 되는 것입니다.

부모들도 자식을 대할 때 성별에 따라 차이를 두며 대한다고 합니다. 많은 부모들이 딸에게는 부드럽고 따뜻하게 대응하고, 아들에게는 딸보다 거칠게 대한다고 하네요. 학교에서도 선생님들이 여학생은 깔끔하고 차분하고 조용하게 행동할 때, 남학생은 독립적이고 적극적으로 자신을 드러낼 때 더 많이 칭찬하는 경향을 보인다고 합니다.

조금 더 자라면 어떨까요? 보통 여자아이와 남자아이는 서로 다른 장난감을 가지고 놉니다. 과거와 달리 요즘은 양성평등 의식이 높아지면서 성별이 구분되지 않는 중성적인 장난감을 갖고 놀게 하는 부모들도 있습니다. 그러나 아직까지도 많은 부모들이 남자아이에게는 로봇이나 총, 칼과 같은 장난감을 사주고, 여자아이에게는 인형을 선물합니다.

흔히 인형은 여자아이의 장난감이라 생각하는 경향이 있습니다. 그런데 근대 초반까지만 하여도, 여자아이든 남자아이든 다 인형을 가지고 놀았다고 합니다. 17세기 프랑스의 왕 루이 13세도 아동기에 인형을 가지고 놀았다는 기록이 남아 있습니다.

성장기 아이들이 가지고 노는 장난감은 아이가 성역할을 익히는 데 아주 큰 영향을 미친다고 합니다. 그래서 스웨덴의 유치원 중에는 정부의 '유아원 양성평등 대표단'의 사업에 따라 자동차나 인형과 같이 특정한 성과 관련된 장난감은 아예 두지 않고 중성적인 장난감만 비치하는 곳이 있다고 합니다.

유치원 교사들도 성별에 따라 아이들을 다르게 대한다는 것을 확인한 실험이 있습니다. 스웨덴의 한 유치원에서 교사들이 아이들을 어떻게 대하는지 알아보기 위해, 수업하는 모습을 비디오로 촬영한 다음 비교하는 실험을 했습니다. 촬영을 하기 전, 참여한 교사들은 자신들은 남자 여자를 구분하지 않고 양성평등적인 수업을 하고 있다고 말했습니다. 그러나 촬영한 영상을 보고 난 뒤 교사들은 남자와 여자를 똑같이 대하지 않는다는 사실을 알게 되었습니다. 남자아이들에게는 이야기 도중에 끼어들어 자신의 의견을 말하더라도 허용한 반면, 여자아이들에게는 양보하게끔 지도했던 것입니다. 또 아이들과 대화할 때의 어투도 달랐는데, 남자아이들과 대화할 때는 명령 투로 말하고 여자아이들과는 차분하게 대화하는 모습을 보였다고 합니다.

초등학생이 되면 어떨까요? 태어나서부터 시작된 여자는 분홍색, 남자는 파란색이라는 구분이 계속 이어집니다. 초등학교에 입학하면 여자

장난감 속 성역할 고정관념

아이들이 좋아하는 장남감에도 성역할 고정관념이 반영되어 있다. 전 세계적으로 많은 아이들이 가지고 노는 블록 완구 레고에는 7살짜리 소녀가 회사에 항의했을 정도로 남자와 여자 캐릭터가 다르다. 샬럿 벤저민이라는 영국 소녀는 레고 캐릭터가 남자 위주로 되어 있고, 남자 캐릭터만 좋은 직업을 가지고 있다며 회사에 불만을 담은 편지를 보냈다고 한다. 벤자민은 남자 캐릭터는 사람을 구하거나 직장에 일하러 가는 의미 있는 일을 하고 상어와도 수영하며 모험을 즐기는 데 반해, 여자 캐릭터는 집에 있거나 쇼핑 하는 캐릭터여서 재미가 없다며 레고 소녀를 많이 만들어서 모험을 즐기게 해 달라고 편지에 썼다.

이런 비판을 받자 캐릭터의 성역할 고정관념을 변화시키기 위해 여성과학자가 있는 새로운 제품을 만들어 좋은 반응을 얻기도 하였다. '연구소'라는 세트에는 고생물학자와 천문학자, 화학자 등 3명의 여성 과학자 캐릭터가 등장한다. 이 세트는 출시되자마자 회사 홈페이지에서 몇 시간 만에 완판될 정도로 인기를 끌었다고 한다. 또 다양한 직업에 종사하는 여자 캐릭터를 만들기도 하고, 엄마가 직장인, 아빠가 전업주부인 캐릭터도 만들어 성역할 고정관념에 변화를 주고 있다.

아이의 가방은 분홍색 계열로, 남자아이의 가방은 파란색 계열로 통일하여 남녀를 구분합니다. 이렇게 가방 색깔조차 성별이 나뉘다 보니 여자아이의 가방을 파란색으로 사서 보냈던 어느 학부모가 분홍색으로 다시 바꿔 보내야 했던 에피소드도 있습니다.

지금은 분홍색을 여자의 색이라 생각하지만 옛날에는 오히려 남자의 색이라 생각했다고 합니다. 강인함을 상징하는 빨간색의 파스텔 버전이 분홍색이라 여겼기 때문이죠. 또 파란색은 성모 마리아의 정절과 정결을 암시하는 것이라 생각해 여성성을 상징하였다고 합니다.

이것만일까요? 특기나 취미에서도 성별을 구분합니다. 여자아이들은 무용을 배우지만, 남자아이들은 태권도를 배웁니다. 물론 무용을 배우는 남자도 있고 태권도를 배우는 여자도 있습니다. 그러나 수적으로 비교가 되지 않을 정도로 적습니다. 아직도 많은 부모들이 무용은 여자에게 태권도는 남자아이에게 더 어울리는 것이라 생각하기 때문이지요.

〈빌리 엘리어트〉라는 영국 영화를 보면 11살인 빌리 엘리어트라는 소년이 자신이 발레에 소질이 있는 것을 알고 발레니노가 되고 싶어 학원을 찾는 장면이 나옵니다. 그러나 빌리의 아버지는 발레를 배우고 싶어 하는 아들에게 "사내 녀석은 축구나 권투, 레슬링을 하는 것"이라며 발레 학원까지 찾아가 배우지 못하도록 막는 것을 볼 수 있습니다.

이런 예만 있는 것이 아닙니다. 어린이들이 즐겨보는 동화에도 성역할 고정관념이 숨어 있습니다. 동화 가운데는 예쁘고 착한 여자가 주인공으로 등장해 왕자를 만나 사랑을 나누고 결혼을 하는 줄거리가 많은데, 우리가 잘 아는 ≪신데렐라≫가 대표적이라고 할 수 있습니다. 잘 알고

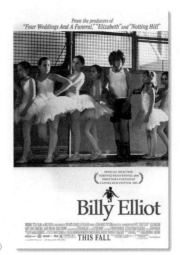

영화 〈빌리 엘리어트〉

있겠지만 새엄마와 언니들에게 구박을 받던 재투성이 신데렐라가 어느
날 멋진 왕자님을 만나 사랑을 얻고 하루아침에 왕비가 되어 모든 고난
에서 벗어나는 내용이지요.

　동화 속에서 착한 신데렐라는 새엄마와 언니들이 괴롭히는 힘든 상황
에서도 자신의 처지를 바꾸려는 노력을 하지 않습니다. 그저 착하게 수
많은 부당한 요구를 다 들어주면서 참고 삽니다. 그러다 요정의 도움으
로 무도회에 참석하여 왕자님을 만나고, 새엄마와 언니들의 방해를 물
리치고 마침내 왕자와 결혼하여 그동안의 고생을 보상받습니다. 자신
의 힘과 노력이 아니라 다른 사람, 즉 남자를 통해 행복을 찾는다는 이
야기이지요.

　그런데 이런 내용을 담고 있는 ≪신데렐라≫ 이야기를 어릴 때부터 읽

고 자란 여자아이들은 어떤 생각을 키우게 될까요? 혹시 여자의 행복은 결국 남자에게 달려 있다는 생각을 무의식 속에 키우게 되지 않을까요? 미국의 작가 '콜레트 다울링'이 ≪신데렐라 콤플렉스≫라는 책에서 지적한 것처럼, 자기도 모르는 사이에 남자에게 의존적인 사람이 되어 스스로의 힘으로 세상을 살아가기보다 언젠가 백마 탄 왕자와 같은 멋진 남자가 나타나 자신을 구해줄 것이라는 막연한 기대를 키우지 않을까요?

실제로 ≪신데렐라≫와 같은 이야기를 어린 시절부터 읽으면서 자란 여성들은 무의식 속에 이런 생각을 키우게 된다고 합니다. 그래서 어른이 되어도 그런 이야기에서 벗어나지 못하고 계속해서 즐기게 됩니다. 어른들이 보는 텔레비전 드라마나 영화 중에는 ≪신데렐라≫ 줄거리에서 크게 벗어나지 않은 변주곡과 같은 내용들이 많습니다. 왕자님 대신 재벌 2세나 부잣집 아들이 등장하여 가난하지만 예쁘고 착한 여자와 사랑에 빠져, 부모와 주위의 반대를 물리치고 마침내 결혼한다는 내용을 끊임없이 되풀이합니다. 매번 반복되는 내용이지만 예외 없이 열광하며 시청하는 것을 보면 어릴 때 보았던 동화의 영향력이 얼마나 큰지, 또 얼마나 우리 머릿속 깊이 박혀 있는지를 짐작할 수 있습니다.

이런 동화의 내용이 양성평등으로 가는 시대에도 맞지 않고 또 여자아이들의 무의식에 아주 나쁜 영향을 주기 때문에, 미국에서는 동화의 내용을 바꾸려는 운동이 일어나기도 했습니다. '바바라 G 워크'라는 학자는 우리가 잘 아는 동화 속 이야기들을 여자와 남자가 평등한 관계로 줄거리와 내용을 바꾼 다음 책으로 출판했습니다.* 그러자 부모들이 더 좋아하며 딸들에게 선물로 사주어 선풍적인 인기를 끌었다고 합니다. 이런 운동이 더 퍼져 나가면서 《신데렐라》의 내용을 바꾼 〈에버 애프터〉(1998) 라는 영화가 만들어져 상영되기도 했습니다. 영화 속 주인공 다니엘라는 신데렐라와는 달리 스스로의 힘으로 어려움을 이겨내고, 거꾸로 왕자를 산적에게서 구하는 등 새로운 모습을 보여 줍니다.

2012년에 나온 영화 《백설공주》도 우리가 아는 동화 속 공주와는 다른 새로운 공주의 모습을 담고 있습니다. 이 영화에서 공주는 괴물로 변한 계모가 자신을 해치려고 하자 여러 가지 무술과 검술을 익히고 혼자 당당히 맞섭니다. 왕자가 도와주려고 하자, "왕자가 공주를 구하는 동화책의 상투적인 결말을 자기가 바꿔 보겠다"며 단호하게 거절하고, 심지어 왕자가 돕지 못하게 하려고 난장이의 집에 가두고 문을 잠가 버리기까지 합니다.

남자에게 의존하지 않고 당당하게 자기 실력을 키우는 여자 주인공이 등장하는 동화나 영화는 자라나는 소녀들에게 어떤 생각을 전달하게 될까요? 아마 아무 노력 없이 남성을 통해 신분상승을 하는 원본 동화와는 달리, 삶은 적극적으로 개척하는 사람에게 기회가 오는 것이라는 믿음과 의지를 전하게 될 것입니다. 그래서 자신의 가치를 오직 외모에 두고 예뻐지기 위해 시간과 노력을 기울이기보다, 지혜로운 사람이 되기 위해 책을 읽고 실력과 능력을 키우는 데 더 관심을 가지게 되지 않을까요?

＊ 우리나라에는 《흑설공주 이야기》, 《황금바늘 이야기》라는 제목으로 번역 출판되었습니다.

≪신데렐라≫를 뒤집은 영화 〈에버 애프터〉

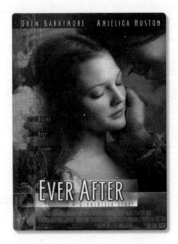

〈에버 애프터〉는 우리가 잘 아는 동화 ≪신데렐라≫의 내용을 뒤집어 완전히 새롭게 각색한 것이다.

≪신데렐라≫에는 새엄마와 언니들에게 구박받던 신데렐라가 왕자를 만나 결혼을 하면서 단번에 신분이 바뀌고 구원을 받는 내용이 담겨 있다. 그러나 〈에버 애프터〉 속의 '다니엘라'는 왕자를 통하지 않고 자신의 힘으로 운명을 개척해 나가고 새엄마와 언니들의 부당한 요구에 당당히 맞서며 대항한다.

다니엘라는 오랫동안 집안을 위해 일해 온 충직한 하인이 새엄마의 빚 때문에 팔려가자 돌아가신 엄마의 모습으로 변장까지 하여 직접 나서 하인을 구한다. 신데렐라는 그저 착하게 새엄마와 언니들의 구박을 견디며 지내지만, 다니엘라는 주변 사람들을 자신의 편으로 만들어 힘을 키우고, 시간이 나면 책을 읽으며 지혜를 키우려 노력한다.

왕자와 친구가 된 것도 착하고 예쁜 용모를 인정받아서가 아니라 함께 책에 대해 토론할 수 있는 실력을 가졌기 때문이었다. 왕자와 숲 속 비밀의 집에서 몰래 만나 읽은 책의 내용에 대해 이야기할 때에도 자기 주장을 적극적으로 펼치고, 왕자가 자신이 아는 것을 실천하지 않으면 '줏대 없는 사람'이라는 비판도 서슴없이 한다.

원본 ≪신데렐라≫에서는 왕자가 구박덩이 신데렐라를 부엌에서 구해 주지만, 〈에버 애프터〉에서는 거꾸로 산적에게 붙잡힌 왕자를 다니엘라가 구해 준다. 산적들이 다니엘라가 왕자를 들 수 있으면 풀어 주겠다고 하자 자기보다도 몸집이 크고 무거운 왕자를 성큼 등에 지고 걸어 내려가 왕자를 구한다. 산적들은 여자인 다니엘라를 얕봐 못할 것이라 생각했지만 예상과 달리 다니엘라가 왕자를 번쩍 들어 올리자, 오히려 환호하며 그녀를 응원한다. 궁전에 왕자를 만나러 갈 때에도 요정의 도움이 아니라 그 동안 자신이 돌봐 주었던 사람들의 도움을 받아 갈 수 있었다. 그리고 그곳에서 언니들과 당당히 경쟁한다.

결혼한 다음에도 다니엘라는 '착한여자 콤플렉스'에서 벗어나 자신을 괴롭히던 새엄마와 언니들을 용서하지 않고 그들이 한 일에 맞는 벌을 주어 보는 사람을 통쾌하게 만든다.

생활 속 성역할 구분

지금까지 우리가 성장하는 과정에서 겪게 되는 여러 성역할 고정관념과 성구분에 대해 살펴보았습니다. 그러면 이런 구분이 우리 생활 속에서는 어떤 모습으로 나타나는지 몇 가지 구체적인 예를 들어 볼까요. 여기에 소개하는 예들은 대학생들이 자신이 실제로 경험한 성역할 고정관념에 대해 발표한 내용으로, 생활 속에서 흔히 보는 '여자 만들기'와 '남자 만들기'의 사례입니다. 먼저 '여자 만들기'를 볼까요.

여자 만들기 ❶

요리는 여자만의 일일까?

고등학교 시절, MT를 갈 때에는 모두가 여학생이었기 때문에 아예 처음부터 짐을 드는 것에서 음식을 만들어 차리고 치우는 것까지 우리 스스로 알아서 해왔다. 하지만 대학에 들어가 처음 MT를 갔을 때, 나는 깜짝 놀랐다. 짐이란 짐은 모두 남학생들이 둘러메고 여학생들은 가벼운 개인 손가방이나 지갑만을 든 채 삼삼오오 얘기를 주고받으며 웃고 있는 것이 아닌가! 그때 나는 그냥 '남학생들이 여학생들을 공주 대접해 주는구나' 하며 대수롭지 않게 남학생들을 쳐다만 보고 있었다.

그런데 MT 장소에 도착하자 이게 웬일인가? 남학생들은 자연스럽게 소파에 앉아 텔레비전을 보고, 여학생들은 약속이나 한 듯이 분주하게 주방으로 가서 저녁식사를 준비하는 것이었다. 세상이 많이 변했고 사람들의 인식도 많이 변했다고 생각했는데, 요리는 여자의 일이라는 성역할에 대한 인식만큼은 여전한 것 같다는 생각이 들었다.

여자고등학교에 다니는 학생들은 무거운 짐을 옮기거나 힘든 일이 있을 때 주변에 도움을 청할 남학생이 없습니다. 그러다 보니 자연스럽게 성역할 구분을 하지 않고 모든 일을 여학생들이 직접 처리하면서 자립심을 키우고, 어떻게든 해결할 방법을 찾아 문제해결 능력을 키우게 됩니다. 그러나 남녀 공학의 여학생들은 남학생들이 이런 일을 대신 해주기 때문에 은연중에 의존하는 습관을 익히게 됩니다. 그래서 모두 다 그런 것은 아니지만 여자대학을 졸업한 여학생과 남녀공학을 졸업한 여학생들은 졸업 후에 차이를 보이기도 합니다.

미국의 유명 여자대학인 웨슬리 대학을 졸업하고 국무장관을 지낸 '매들린 올브라이트' 장관도 이와 비슷한 말을 한 적이 있습니다. 여학생들만 다니는 학교였기 때문에 남자들의 도움을 받지 않고 자신들이 모든 일을 직접 결정하고 처리해야 했고, 학생 때의 이런 경험이 훗날 리더가 되어 일을 처리하는 데 중요한 역할을 했다는 것입니다.

위의 사례는 여학생들이 짐을 드는 것과 같이 힘을 쓰는 일은 남자들의 몫이라고 생각하는 반면, 요리는 자신들의 몫으로 자연스럽게 받아들이는 모습을 보여 줍니다. 지금은 중학교에서 기술·가정 과목을 합쳐 남녀 구분 없이 모든 학생이 배우고 있습니다. 하지만 예전에는 여학생들은 요리와 바느질 등의 집안일을 가정·가사라는 교과목으로 따로 배웠습니다. 이런 교과목을 통해 자연히 집안일이나 요리는 여자의 일로 구분되었습니다. 요즈음 텔레비전의 요리 프로그램들이 인기를 얻고 요리하는 남자들이 많이 등장하고 있습니다. 하지만 일상생활 속에서는 여전히 요리가 여자의 일로 남아 있습니다.

매들린 울브라이트 장관
여자로서는 최초로 미국의 국무장관을 역임하였다.

　무거운 짐은 남자들에게 맡기고 요리는 여자가 하는 식의 성역할 구분
은, 남자는 직장에 가고 여자는 가사 일을 하던 과거에는 별 문제가 없
었습니다. 하지만 사회로 진출하는 여성이 늘어나고 결혼 후에도 직장
을 그만두지 않아 맞벌이 가정이 늘어나고 있는 지금, 이런 구분은 가족
내에 여러 문제와 갈등을 일으키게 됩니다. 조금씩 변하고는 있지만 아
직도 가사노동은 여자의 일이라고 생각해, 맞벌이 부부라도 대부분 여
자들이 집안일을 많이 하고 있습니다. 2015년 통계청 조사에 의하면, 맞
벌이 부부의 가사노동 시간은 여자가 하루 3시간 14분인 데 비해 남자는
40분으로 여자가 약 5배 정도 더 일한다고 합니다. 그렇다면 다른 나라
는 어떨까요? 덴마크 남자는 3시간 6분으로 우리나라 여자와 비슷한 정
도로 가사노동을 합니다. 사정이 이렇다 보니 우리나라 남자의 가사노
동 참여는 OECD 회원국 가운데 최하위를 차지합니다.

그럼 청소년들은 이 문제에 대해 어떻게 생각할까요? 2014년 청소년들을 대상으로 조사한 결과로 보면, 가사노동을 부부가 공평하게 부담해야 한다는 데에 여자는 74.6%가, 남자는 58.9%가 '그렇다'고 답했습니다. 이 조사결과는 청소년들 가운데도 아직 가사노동은 여자의 일이라는 전통적인 생각에서 벗어나지 못한 경우가 많음을 보여 줍니다.

남녀 구분을 떠나 부부가 모두 직장을 가지고 있는 경우에는 집안일을 함께 하는 것이 너무나 당연합니다. 그런데도 남자들이 가사노동을 같이 하지 않아 갈등이 생기자 '알리스 슈바르처'라는 독일의 여성 작가는 "집안일은 사람의 일이지 여자의 일이 아니다"라고 하며 가사노동이 부부 공동의 일이라는 점을 강조한 적도 있습니다.

우리나라는 가사노동을 여성의 일이라고 생각하지만, 가사노동에 대한 생각은 문화에 따라 다릅니다. 남인도에 사는 '토다'라는 부족은 집안일을 아주 신성하게 여겨 남자들이 하고 여자들은 아예 하지 못하게 한다고 합니다. 또 인도 북부에 사는 '카시' 부족은 사냥과 노동은 여자가 하고 집안일과 육아는 남자가 합니다.

맞벌이 부부가 점점 더 증가하는 시대에 살고 있지만, 아직까지도 많은 사람들이 아이를 돌보는 일이나 집안일은 여성의 일이라는 낡은 생각에 사로잡혀 부부 사이 갈등과 불화를 만들고 있습니다. 그렇다면 부부 사이 갈등을 줄이고 행복한 생활을 하기 위해 우리가 할 수 있는 선택은 무엇일까요? 집안일은 여성의 일이라는 과거의 사고에서 벗어나, 여자 남자 구분 없이 부부가 함께 하는 '공동의 일과 책임'이라는 생각을 갖는 것이 필요하지 않을까요?

무거운 짐은 남자만, 여자는 힘세면 안 돼?

대학에 입학하고 얼마 되지 않은 새내기 때의 일이다. 한번은 짐을 옮겨야 할 일이 있어서 내가 번쩍 하고 짐을 든 적이 있었다. 짐을 들자 한편에 서 있던 남학생이 "무슨 여자가 힘이 장사야?" 하고 말했다. 그러자 옆에 있던 다른 남학생이 "이런 건 남자가 드는 거야"라고 거들었다. 여중과 여고를 다녀서 무거운 짐도 스스로 드는 것은 물론, 모든 일을 여자들이 하는 걸 봐왔던 나에게 이 말은 아주 충격적으로 들렸다.

그런데 여자 친구가 하는 말은 더 심각했다. "이런 일을 왜 힘없는 여자가 해? 당연히 남자가 해야지." 나는 한번도 그런 생각을 해본 적이 없었지만 순간 당황했고, 나도 모르게 슬며시 짐을 내려놓았다.

무거운 물건은 누가 드는 것이 맞을까요? 그렇습니다. 여자, 남자 상관없이 누구든 힘센 사람이 드는 것이 맞을 것입니다. 여자라고 다 힘이 약한 것은 아닙니다. 올림픽 메달리스트 장미란 선수와 같이 남자보다 힘이 더 센 여자들도 있습니다. 혼자 들지 못할 정도로 무거우면 같이 드는 것도 방법입니다. 그런데도 보통은 남자가 더 강하고 힘이 세니까 남자가 들어야 한다고 생각합니다. 이런 고정관념 때문에 한 초등학생이 학교 청소시간에 "화분 옮길 사람!" 하는 선생님의 말에 "저요!" 하고 손을 들고 싶었지만 '여자가 힘만 세다'는 말을 들을까 봐 그렇게 하지 못했다고 양성평등 글짓기에서 적기도 했습니다.

무거운 물건을 드는 것과 같은 일을 남자들이 주로 맡아 하고 있지만,

실은 남자들이 여기에 대해 많은 반감을 가지고 있습니다. 학생들을 대상으로 한 조사를 보면, 힘든 일은 남자에게 시키는 것이 당연하다고 생각하고 선생님들도 일을 그렇게 분배해서 싫다고 답한 내용들이 나옵니다. 그리고 직장생활을 하는 남자들도 이런 불만을 많이 토로합니다.

무거운 짐을 옮기거나 드는 일을 남학생들이 할 일이라고 생각하고 자꾸 맡기다 보면, 여학생들은 힘들지 않은 일도 피하게 되고 의존적인 사람이 됩니다. 길을 지나다니다 보면 여자친구의 작은 핸드백을 대신 들어 주는 남자들을 자주 볼 수 있습니다. 여자들은 자기를 사랑해서 하는 행동이라고 생각하고 남자친구가 들어 주는 것을 아무렇지 않게 생각합니다. 그러나 사소한 것 같지만 이런 일을 당연하게 여기다 보면 무의식 속에 남자에 대한 의존성을 키우고 결과적으로 자신의 주체성을 잃어버리게 됩니다.

우리는 무거운 물건은 남자가 드는 것이라 생각하지만 뉴기니에 살았던 '아라페쉬'족은 정반대의 생각을 합니다. 아라페쉬족은 짐을 바구니에 넣은 다음 바구니를 두른 끈을 이마에 대고 짐을 운반하는데, 그 일은 여자의 몫입니다. 이 부족 사람들은 여자의 머리가 남자의 머리보다 더 단단하고 강하다고 여겨 여자가 무거운 짐을 옮기는 것을 당연하게 생각합니다. 아라페쉬족의 여자들 또한 이 일을 하는 것을 아주 자랑스럽게 생각하고 어릴 때부터 훈련해서 힘을 기른다고 합니다.

학문에도 성별이 있다!

> 나는 공대에 다닌다. 사람들은 내가 공대에 다닌다고 하면 "여자가 왜 공대에 갔
> 어? 무엇을 하려고?"라고 묻는다. 남자 여자 상관없이 공대에 진학했으면 같은 꿈
> 을 꾸는 것인데, 여자라는 이유로 다르게 보는 것이 너무 싫다.

  지금은 공학을 전공하는 여학생들이 꽤 있지만 얼마 전까지만 해도 공
대는 남자들이 가는 곳이라는 생각이 아주 강했습니다. 그래서 공대에
다니는 여학생을 호기심 어린 시선으로 바라보고 여자도 남자도 아닌 중
성 취급을 했습니다. 오죽하면 여자도 남자도 아닌 제3의 성이라는 의미
에서 '공대 여학생'이라는 말까지 생겼을까요.
  외국 관광객들이 많이 오는 것으로 유명한 서울의 인사동 길을 설계한
사람은 여성 건축가입니다. 아주 오래전 그 분이 공대 건축학과에 진학
했을 때, 그때는 공대에 다니는 여학생이 거의 없다시피 해서 800명의
학생 중에 여학생이라고는 혼자뿐이었다고 합니다. 여학생이 한 사람밖
에 없다 보니 건물에 여자화장실을 설치하지 않아 볼일을 볼 때마다 다
른 건물을 이용해야 하는 불편까지 겪었다고 합니다.
  지금은 그때와 달리 공대에 진학하는 여학생의 수가 늘어나고 있습니
다. 그렇지만 아직까지도 공대는 남학생들이 대다수를 차지하고, 학과
에 따라 여학생이 거의 없는 곳도 있습니다. 전공은 자신의 꿈과 적성에
맞추어 선택하는 것인데, 공대가 남자에게 더 적합하다고 생각하는 시

각은 변해야 되지 않을까요?

다음은 생활 속 '남자 만들기'입니다.

남자 만들기 ❶

나 지금 떨고 있니?

아주 추운 겨울날 데이트를 하던 중에 여자친구가 추워 떨고 있는 것을 보고 오리털 점퍼를 벗어 주고는 그만 감기가 들어서 무척 고생한 일이 있었다. 사실은 나도 많이 추었지만 남자답게 보이고 싶어서 벗어 주었다. 그런데 또다시 그런 일이 생긴다면 어떻게 할까? 만약 다시 그런 일이 생긴다면 아마 여자친구에게 다음부터는 미리 옷을 따뜻하게 입고 오라고 말할 것 같다. 다시는 그때처럼 감기 들어 고생하고 싶지는 않다.

영화나 텔레비전 드라마를 보다 보면, 추운 날 남자가 여자를 위해 옷을 벗어 주는 장면을 가끔 볼 수 있습니다. 비록 만들어진 스토리이지만 사랑하는 여자를 위해 자신을 희생하는 남자의 모습은 근사하고 낭만적으로 보여 사람들이 부러워합니다. 그런데 내용을 알고 보면 사정이 확 달라집니다.

사실 남자는 여자보다 체감온도가 낮아 추위를 훨씬 더 많이 탄다고 합니다. 그래서 옷을 벗어 주는 것은 감기를 재촉하는 행동입니다. 이런 사정은 생각하지 않고 시청하는 사람들은 여자를 위해 옷을 벗어 주는 것이 멋있고 남자다운 행동이라고 생각합니다. 이런 생각 때문에 사례로 든 학생도 마치 영화 속 주인공처럼 남자답게 보이고 싶어 옷을 벗어 주었던 것이고요. 그러다 감기에 들어 무척 고생을 하고는 뒤늦은 후회를 하며 다음에는 다른 방법을 찾겠다고 합니다.

남자 만들기 ❷

남자는 세 번만 울어야 해?

어렸을 때 내 남동생이 울면 할아버지는 꼭 말씀하셨다. 남자가 울면 못 쓴다고. 남자는 태어나서 딱 세 번만 울어야 한다고 강조하셨다. 물론 우는 동생을 달래기 위해서 한 말씀이기는 하지만 가끔 징징대는 동생에게 아직 남자가 아니라는 말씀을 하셨다. 할아버지는 남자란 어찌어찌해야 한다는 인식을 동생과 나에게 '꽝' 하고 박아 놓으셨다. 그래서인지 가끔 우는 남자들을 보면 아직도 보기 좋지 않고 '창피하지도 않은가' 하며 볼썽사납다는 생각을 하게 된다.

대부분의 사회는 남자가 감정을 드러내는 것을 금기시합니다. 그 중에서도 특히 우는 것을 매우 통제하여 남자는 울면 안 된다는 생각을 어릴 때부터 주입시킵니다. 아직 감정 조절이 잘 안 되는 어린 아이에게조차도 '남자가 왜 울어, 남자는 울면 안 돼!'라고 말하며 울지 못하게 합니다. 한술 더 뜨는 어른들은 '남자가 울 기회란 태어날 때 한 번, 부모님이 돌아가실 때 한 번, 나라를 빼앗겼을 때 한 번, 그렇게 평생에 세 번뿐이야'라며 엄하게 가르치기도 합니다.

사람은 누구나 감정을 가지고 있고, 자신의 감정을 표출하는 것은 자연스러운 일입니다. 남자도 사람이기 때문에 자신의 감정에 따라 슬픔을 표현하는 것은 당연한 일입니다. 그런데도 남자가 울면 남자답지 못하다고 핀잔을 주며 울지 못하게 하는 것은 기본적인 감정을 억압하는 것입니다. 남자라는 이유로 어릴 때부터 억지로 눈물을 감추고 자신의 솔직한 감정을 표현할 기회를 억압받는다면, 감정적 성숙에 어려움을 겪을 수도 있지 않을까요?

동서양을 막론하고 남자들은 강하고 씩씩해야 한다는 강박관념을 가지고 있습니다. 강한 남자가 되지 못하면 강해 보이기라도 해야 한다고 생각합니다. 이런 강박관념 때문에 많은 남자들이 아무리 힘들어도 힘든 내색을 하지 못하고, 아파도 아프다는 것을 표현하지 못하고 감추며 속앓이를 합니다. 실제로 남자 대학생들에게 남자이기 때문에 불편한 점을 들어 보라고 하면 위의 경우처럼 강한 척해야 한다는 점을 많이 이야기합니다. 자신들도 힘든 때는 여자 친구나 다른 사람에게 의지하고 위로받고 싶은 마음이 들지만, 남자답지 못하다고 여길까 봐 내색하지 않고 억지로 참는다는 것입니다.

이렇게 강한 남자인 척하려는 심리를 '존 웨인 신드롬'이라고 부릅니다. 한때 미국의 서부개척 시대를 배경으로 한 영화에서 강한 카리스마를 가진 남성을 상징하며 주연을 도맡았던 '존 웨인'이라는 배우의 이름을 딴 것인데, '남자다운 남자'를 좇는 현상을 의미합니다.

그런데 이런 식의 태도는 문제점이 많습니다. 사람은 누구나 감정을 가지고 있고 그 감정을 표출할 때 건강한 사람이 됩니다. 남자다운 남자가 되기 위해 억지로 감정을 감추고 억제하면 스트레스가 되고 점점 쌓이면 병이 됩니다. 남자답게 보이기 위해 억지로 자신의 감정을 억제하고 감추는 행동은 결국 자신에게 손해로 돌아갑니다.

전 세계적으로 인기를 끈 소설 해리포터 시리즈의 영화에서 헤르미온느 역을 한 엠마 왓슨은 유엔UN이 양성평등을 촉진하기 위해 벌이는 캠페인 '히포쉬HeForShe'의 친선대사입니다. 왓슨도 이 캠페인을 시작하는 연설에서 청소년기에 자신의 친구들 중 남자들이 감정 표현에 어려움을 겪는 것을 보았다고 말할 정도로, 남자들은 감정을 억압하는 문화로 인해 힘든 과정을 겪습니다.

다음은 여자도 남자도 아닌, 경계에 있는 사람입니다.

남자와 여자의 경계

나는 남자일까, 여자일까?

내가 아는 초등학교 동창 중에는 성격이 매우 활발하고 털털한 여자 친구가 있다. 말하는 것도 시원시원하고 남자아이들과 축구를 하기도 해서 모두들 그 친구에게 '남자 같다'는 말을 했다. 그런데 그 여자 친구는 사람들이 자기를 남자 같다고 말하는 것이 많은 스트레스를 준다고 하였다. 자신은 있는 그대로의 성격대로 행동하고 말하는 것뿐인데, 사람들은 그 성격이 남성 쪽에 가깝다는 이유로 자신에게 '남자 같다'는 말을 한다는 것이다. 그런 성격 때문에 남자 친구는 물론 여자 친구를 사귀는 것도 힘들다고 말했다.

사회가 '성역할 고정관념'에 따라 그에 맞는 행동을 요구하기 때문에 특별한 경우가 아니라면 거기에서 벗어난 행동을 하는 사람은 거의 없습

히포쉬_{HeforShe} 캠페인

  유엔은 2014년부터 '히포쉬_{HeforShe}'라는 양성평등 운동을 벌이고 있다. 이 캠페인은 성별에 따른 편견과 차별이 없는 세상을 만들기 위해 시작되었으며 영화배우 엠마 왓슨이 이 캠페인의 최연소 친선대사로 위촉되었다. 왓슨은 캠페인 발족식에서 자신의 경험담을 담은 감명 깊은 연설을 하여 참석한 사람들로부터 많은 박수를 받았다.

  이 캠페인과 관련된 인터넷사이트에는 영화배우, 정치인 등 전세계 유명인과 많은 남자들이 SNS 해시태그(#HeforShe)와 함께 사진을 찍어 올리며 이 운동을 지지하고 있다.

〈사이트 주소〉

www.unwomen.org/en/news/stories/2014/9/storify-on-celebri-ty-reactions-to-heforshe

엠마 왓슨
'히포쉬' 캠페인을 시작하면서 친선대사로서
연설하고 있다.

니다. 대부분의 사람들은 자신의 성역할에 맞는 행동을 하며 살아갑니다. 그런데 우리 주변을 보면 이런 성역할 고정관념에서 벗어나 남자처럼 씩씩한 여자도 있고, 반대로 여자처럼 섬세하고 부드러운 남자도 볼 수 있습니다. 이런 사람들은 자신이 타고난 성별과 다른 행동 때문에 생활에 여러 불편을 느끼게 됩니다.

위의 예에서 볼 수 있듯이 동창인 친구는 여자인데도 운동을 좋아하며 활발하고 적극적인 성격을 가지고 있어서 다른 사람들로부터 남자 같다는 말을 듣습니다. 여자이지만 남자와 같은 성격을 가진 이 친구는 여자 남자 어디에도 소속되기 어렵습니다. 우리 사회가 여자와 남자, 그렇게 두 부류의 성으로만 구분하기 때문에, 신체상으로는 여자이지만 행동은 남자에 가까워 어느 쪽에 속하더라도 성역할 구분에 맞지 않아 불편함을 느끼는 것입니다.

이처럼 사람을 여성과 남성이라는 성으로 구분하고 그에 맞게 행동하도록 강요하는 것은 우리를 구속합니다. 이 글을 읽는 친구 중에는 여자라는 이유로, 혹은 남자라는 이유로 하지 못한 일이나 행동이 있을지 모릅니다. 만약 우리가 우리의 행동을 제약하고 구속하는 여성과 남성이라는 성性 구분에서 벗어나 있는 그대로의 모습으로 살 수 있다면 어떨까요? 다른 사람의 눈치를 보지 않고 우리 안에 있는 '바로 나 자신'의 모습으로 살 수 있다면 우리 삶이 더 자유롭고 편하지 않을까요?

3

다양한 성별 문화

다른 사회, 다른 문화

우리는 대부분의 사회가 여성과 남성을 나누고 그에 따라 행동하도록 요구하기 때문에 여성다움과 남성다움이 고정된 것이라 생각합니다. 이런 생각과는 달리 여성다움과 남성다움은 문화에 따라 서로 다르며, 시대에 따라서도 변화를 보입니다.

'마거릿 미드'라는 미국의 인류학자가 남태평양의 뉴기니 지방에 살았던 '아라페쉬', '먼더거머', '챔불리'라는 세 부족을 관찰하고 발표한 조사 내용을 보면, 여성다움과 남성다움이 문화에 따라 얼마나 많은 차이를 보이는지 알 수 있습니다. 미드가 관찰한 세 부족 중 아라페쉬와 먼더거머족은 남자와 여자라는 성 구분이 힘들 만큼 두 성이 비슷한 성격을 보입니다. 그와 달리 챔불리족은 남성과 여성의 성격이 우리 사회와 정반

마거릿 미드
남태평양에서 부족 연구를 한 인류학자

대되는 특징을 보입니다.

　아라페쉬족의 사람들은 다른 사람을 잘 배려하고 평화를 사랑하는 부족입니다. 남자든 여자든 누구나 부드럽고 자상한 행동을 하지요. 이 부족 사람들은 경쟁보다는 협동을 더 중요하게 생각하고, 서로 사이좋게 지내려고 노력합니다. 남자들도 어리거나 약한 사람의 부탁을 들어주는 것에 행복을 느낍니다. 그리고 남녀 구분 없이 누구나 아이 돌보는 일을 매우 중요하게 생각하고 잘합니다. 이 부족 사람들은 아이 돌보는 일을 여자의 일이라고 생각하지 않기 때문에 아빠도 엄마와 마찬가지로 아이 돌보는 일을 함께 합니다. 남자들도 아이를 키우고 돌보는 일을 같이 하기 때문에 재미있는 것은 아이들이 크고 나면 이런 말을 한다고 합니다.

　"너희를 돌보느라 미남이었던 내 얼굴이 이렇게 못생겨졌단다."

아라페쉬족에게 이상적인 남자는 다정하고 협동적인 사람입니다. 그래서 남자라도 경쟁적이고 공격적인 성격을 가진 사람은 부족 사람들에게 환영받지 못하고 외톨이가 됩니다. 부족민 모두가 이런 성향을 가지고 있어 아라페쉬족의 남자들은 지금 우리의 기준으로 본다면 여자에 가깝다고 할 수 있습니다.

또 다른 부족인 먼더거머족은 아라페쉬족과는 완전히 다른 성격을 가지고 있습니다. 먼더거머족 사람들은 남자와 여자를 막론하고 모두 다 경쟁적이고 공격적인 성격을 가지고 있다고 합니다. 이들은 다른 사람을 배려하고 돌보는 것에는 도무지 관심이 없습니다. 그래서 이 부족에서는 부드러운 성격을 가진 사람이 오히려 무시당하기 일쑤라고 합니다.

모든 사람들이 아이 돌보는 일에 참여하는 아라페쉬족과는 달리, 먼더거머족에서는 심지어 엄마들조차도 아이를 잘 돌보지 않는다고 합니다. 그러다 보니 다른 사람을 잘 보살피거나 경쟁을 하지 않으려는 사람은 따돌림을 당하게 됩니다. 이런 먼더거머족의 여자들은 우리의 관점에서 보면 여성답지 못한, 남성에 더 가까운 사람이라고 할 수 있을 것입니다.

챔불리족은 여성과 남성의 역할이 우리와는 정반대입니다. 남자들이 책임감이 약해서 정서적으로 여자에게 의존하고, 여자들이 가족의 생계를 책임지는 것은 물론이고 남자를 지배하고 이끌어갑니다. 한 가지 더 특이한 것은 화장을 하고 멋을 부리는 쪽도 남자라는 것입니다. 남자들이 옷에 갖가지 치장을 하고 서로 더 아름다운 가면을 만들려고 경쟁을 합니다. 남자들이 멋을 부리며 놀고 있을 때, 여자들은 무거운 짐을 이고 이웃 지역과 장사를 하여 가족들을 먹여 살립니다. 춤을 추고 노는 무도회장을 열기 위해 돈을 벌어야 하는 것도 당연히 여자들의 책임이지요.

이외에도 성별에 대해 다른 생각을 가진 부족들이 많습니다. 아프리카에 사는 '누에르'족은 아이를 낳느냐 못 낳느냐로 성별을 구분합니다. 그래서 여자라도 아이를 낳지 못하면 남자 취급을 합니다. 어떤 여성이 결혼한 뒤 오랫동안 아이를 낳지 못하면 조카들은 그녀를 이모나 고모가 아니라 '삼촌'이라 부르고, 심지어 다른 여자와 결혼하여 남편으로 인정받을 수 있다고 합니다.

이처럼 세계 곳곳에 존재하는 다양한 부족들의 생활을 보면 성역할은 고정된 것이 아니라 사회가 요구하는 것에 사람들이 맞추어가는 것임을 알 수 있습니다.

그런데도 왜 이렇게 성역할을 구분하는 것일까요? 사실 지금 우리가 보는 것과 같은 엄격한 성역할 구분은 아주 오래전에는 그다지 심하지 않았는데, 근대에 와서 더 강해진 것이라고 합니다.

근대 이전의 사람들은 여성과 남성은 서로 하는 역할과 임무가 다르다고 생각했을 뿐 신체적으로 큰 차이가 없다고 생각했습니다. 그런데 근대 사회로 넘어오면서 여성다움과 남성다움이라는 성역할을 만들어 구분하고 그렇게 행동하기를 요구한 것입니다. 이런 역사적 과정을 보면 '성역할 고정관념'은 인류 역사상 극히 짧은 기간에 나타난 일시적인 산물에 불과하고, 따라서 우리의 생각과 노력에 의해 얼마든지 바꿀 수 있는 것임을 알 수 있습니다.

세상에는 오직 여자, 남자만 있을까?

그렇다면 성별에는 여성과 남성, 이 두 가지 성性만이 유일한 것일까요? 여성과 남성 이외의 다른 성별은 존재하지 않는 것일까요? 그렇지 않습니다. 이런 예는 세계 곳곳에서 찾아볼 수 있습니다.

인도에는 여자도 남자도 아닌 제3의 성인 '히즈라'라는 성이 있습니다. 히즈라로 살아가는 사람이 무려 백만 명 정도나 되는데, 이들은 원래 남자로 태어났지만 남자의 성을 포기하고 여자가 되기를 선택한 사람들입니다.

오래전에 인도 사람들은 히즈라를 자신들이 믿는 힌두신이 사람으로 환생한 것이라 여겨 오히려 존중했다고 합니다. 인도 사람들이 믿는 힌두신은 남녀 양성을 다 가지고 있습니다. 그래서 인도인들은 양성의 특성을 다 가진 히즈라를 신이 환생한 것이라고 믿어 이들을 존중하고, 아기가 태어나거나 결혼식이 있을 때면 축복을 내리는 사제의 역할을 히즈라들에게 부탁하기도 했습니다.

그런데 영국이 인도를 식민지로 만들어 지배하면서부터 이런 상황은 완전히 바뀌고 맙니다. 인도에 온 영국인들이 히즈라를 심하게 차별하고 경멸하며 이들의 존재를 부정했기 때문입니다. 여자와 남자를 엄격히 구분하고 그 외의 다른 성을 인정하지 않는 영국식 문화로 인해 히즈라는 더 이상 그 존재를 인정받지 못하게 되었고, 그만 사회에서 추방당하는 운명을 맞이하게 된 것입니다.

세계 곳곳에는 히즈라뿐만 아니라 여성과 남성, 어느 한 성이라 딱 꼬

인도의 히즈라
남자로 태어났지만 여자로 살아간다.

집어 구별하기 힘든 사람들이 존재합니다. 이슬람 국가 오만에는 '한에 스'라는 사람들이 있고, 인도네시아에는 두 영혼을 가진 사람이라는 뜻 의 '비수'가 있습니다. 또 서인도 제도에 속하는 도미니크공화국에는 '구 에베도체'라는 사람들이 있고, 북아메리카 원주민인 피마족에는 '버다치' 라는 사람들도 있습니다.

버다치들은 남자이지만 여자의 옷을 입고 여자의 일을 하기 때문에 두 개의 정신을 가진 사람이라 여겨졌습니다. 백인들이 침입하기 전, 원주 민들은 이들의 존재를 인정하고 차별 없이 함께 살았습니다. 그런데 스 페인이 침략하면서 이들의 운명은 바뀌게 됩니다. 히즈라를 인정하지 않 은 영국인들과 마찬가지로, 스페인 사람들 또한 이들의 존재를 인정하 지 않고 탄압했기 때문입니다. 스페인 정복자들은 이들을 심하게 차별 하고, 심지어 훈련받은 개를 풀어서 버다치들을 물어 죽이도록 하며 없 애 버리려 했습니다.

캐나다에 사는 '이누이트'족도 성별에 대한 아주 재미있는 관습을 가지

피마족의 버다치

북아메리카의 피마족은 어린 소년이 여자가 하는 일에 관심을 보이면 아이를 시험한 다음 그 결과에 따라 버다치로 인정해준다. 시험 방식은 오두막 안에 활과 바구니를 두고 그 안으로 아이를 들어가게 한 뒤 오두막에 불을 붙여 어떤 행동을 보이는가를 보는 것인데, 불이 붙을 때 아이가 두려워하며 바구니를 잡으면 버다치로 간주하고 거기에 맞춰 살 수 있게 한다.

고 있습니다. 이 부족은 태어난 아이의 성별을 그 아이의 몸으로 환생하기로 결정한 조상이 누군인가에 따라 결정합니다. 따라서 몸은 여자여도 남자가 될 수 있습니다.

지금까지 본 것과 같이 몸과 사회적 성별이 다른 제3의 경우뿐만 아니라 더 많은 성별을 인정하는 사회도 있습니다. 시베리아에 있는 '주크치' 족은 남자와 여자 말고도 '여자 같은 남자'나 '남자 같은 여자'도 하나의 성으로 인정하여 성을 무려 7가지로 나눕니다. 인디언들 가운데도 19세기 후반이나 20세기 초까지 '부분 여자' 혹은 '부분 남자'와 같이 4가지 혹은 그 이상의 성별을 인정한 부족이 있을 정도로 유연한 성별 관념을 가진 경우가 있었다고 합니다.

그러면 이런 사례들을 통해 우리가 생각해 볼 수 있는 것은 무엇일까요? 문화에 따라 성별에 대한 시각은 아주 다양하다는 점입니다. 그리고 소수에 불과하다고 할지라도 사람들이 가지고 있는 다른 성별 특징을 인정하느냐 하지 않느냐는 그 사람에게 아주 다른 삶의 결과를 가져오므로, 좀 더 열린 시각으로 성별을 바라보는 것이 필요하다는 점이 될 것입니다.

4

여자 남자, 차이가 차별로

지금까지 성역할 고정관념이 어떻게 만들어졌는지에 대해 살펴보았습니다. 그러면 여자와 남자를 나누는 성역할 고정관념은 왜 문제가 될까요? 그것은 바로 성별 차이를 넘어서 차별로 이어지기 때문입니다.

여자를 차별하는 전통은 아주 오래전으로 거슬러 올라갑니다. 고대 그리스 시대에는 여자는 남자에 비해 부족하고 열등한 사람으로 여겼습니다. 여자는 남자가 되기에는 무언가 부족한 사람, 즉 불완전한 남자로 생각했습니다. 그래서 2세기경 '갈레노스'라는 의사는 원래 여자로 태어났지만 부족한 점을 채워 남자로 변한 사람의 예를 들며, 여자의 열등함을 증명하려고 했습니다.

여성에 대한 차별적 시각은 근대에 와서도 변하지 않고 계속 이어졌습니다. 19세기 후반 학자들은 여자가 남자보다 열등함을 과학적으로 뒷받침하기 위해 서로의 뇌 크기를 비교하는 실험을 하기도 했습니다. '폴 브로카'라는 프랑스 학자는 여자의 뇌 크기가 남자보다 작아 지적 수준이 열등하다며, 남자가 더 똑똑하고 머리가 좋다고 주장했습니다. 이런 주장에 대해 영국의 철학자 '존 스튜어트 밀'은 그러면 "코끼리의 머리가 가장 크니 이 세상에서 코끼리가 제일 똑똑하겠네!"고 조롱했다고 합니다.

그런데 브로카가 한 주장에는 한 가지 허점이 있었습니다. 보통 여자의 몸집이 남자의 몸집보다 작기 때문에 머리 크기만을 놓고 비교하면 여자의 머리가 작아 뇌의 크기도 작다고 할 수 있습니다. 그러나 뇌의 크기를 몸 전체에서 차지하는 비율로 바꿔 보면 이야기는 달라집니다. 비율로 계산하여 비교하자, 여자의 뇌 비율이 남자보다 더 큰 것으로 나타났습니다. 그래서 뇌의 크기만으로 여성이 남성보다 열등하다고 했던 주장은 신빙성을 잃게 되었습니다.

우리 몸 안에서 일어나는 현상을 연구하는 생리학자들 또한 남성이 여성보다 우월하다는 것을 증명하려고 했습니다. 이들은 여성의 두뇌는 섬세하기 때문에 깊이 있는 생각을 할 수 없다며, 자연히 여성의 학문적 능력이 남성에 비해 뒤떨어질 수밖에 없다는 주장을 합니다. 이런 인식은 여성들에게는 고등교육이 필요 없다는 생각으로 이어져 한때 대학 입학을 허락하지 않는 배경이 되기도 했습니다. 또 여성은 아이를 낳는 데 적합하기 때문에 과학을 잘하지 못한다며, 여성이 과학이나 수학을 하는 것은 서로 어울리지 않는 일이라고 주장한 학자들도 있었습니다.

여자가 남자보다 과학이나 수학을 못한다는 주장은 최근까지도 이어져, 미국의 한 유명 대학의 총장이 여학생의 과학과 수학 성적이 남학생에 비해 뒤떨어진다는 말을 하여 많은 비난을 받고 총장직에서 물러난 일이 있습니다. 과거에는 실제로 여학생과 남학생 사이 수학 성적에 격차가 있어 이런 주장이 맞는 것처럼 보였습니다. 그러나 이제는 점점 그 격차가 좁혀지고 있고, 최근에는 광범위한 조사 결과 여학생과 남학생 사이 성적 차이가 유전적인 것이 아니라 환경에 의한 결과라는 사실을 밝혀내기도 했습니다. 성차별이 없는 나라일수록 수학 성적에 남녀 간 격차가 적다는 것이 이를 증명합니다.

하지만 한때는 이런 편견 때문에 여성이 과학을 잘하지 못한다는 것을 증명하려는 연구가 이루어진 적도 있습니다. 이런 주장이나 연구결과는 참으로 어이없는 것인데, 뛰어난 과학자나 수학자 중에는 여성이 적지 않기 때문입니다. 우리가 잘 아는 '퀴리 부인'을 비롯해, 유전자가 자리를 바꾼다는 사실을 알아내어 유전자 혁명을 일으킨 '바버라 매클린톡', 살충제가 일으키는 환경오염을 경고하고 환경의 중요성을 깨닫게 한 생물학자 '레이첼 카슨', 핵물리학 분야에 뛰어난 업적을 남겨 페르미 상을 타기도 한 '리제 마이트너' 등 뛰어난 여성과학자들이 많으니까요. 이들 초기 여성과학자들은 강의실에 들어오지 못하게 해서 가구 뒤에 숨어 강의를 듣기도 하고, 남자가 있는 실험실에는 들어가지 못하는 설움을 겪기도 했습니다. 공부를 마친 뒤에는 일자리를 얻지 못해 경제적 어려움에 시달리기도 했습니다. 그렇지만 이런 역경을 모두 극복하고 뛰어난 업적을 남겼습니다.

히파티아
고대 그리스 신플라톤주의의 대표적인 학자로
많은 존경을 받았다.

수학에서도 빛나는 업적을 남긴 여성학자를 어렵지 않게 찾을 수 있습니다. 고대 그리스 시대 ≪디오판토스의 해석학≫을 쓴 '히파티아'를 비롯하여 우표에까지 등장할 정도로 놀라운 발자취를 남긴 러시아의 '소피아 코발레프스카야', 평생을 수학 연구에 바치고 대수학의 새로운 길을 연 '아밀리에 에미 뇌터', 별들과 은하 사이의 거리를 측정할 수 있는 길을 연 '헨리에타 레빗' 등이 있습니다. 이들은 여성은 감성적이고 비합리적이어서 수학과 맞지 않고 여성이 수학 공부를 하는 것은 비정상이라는 성차별적인 편견을 이기고 수학을 발전시키는 데 공헌했습니다. 물론 여기서 예를 든 사람들 외에도 많은 여성 과학자와 수학자들이 있습니다.

변화가 있지만 여성이 남성에 비해 열등하다는 생각은 과거의 유물만이 아닙니다. 아직도 일부의 사람들은 이런 생각을 가지고 여성의 능력을 의심합니다. 그런 사실을 실험 사례를 통해서 살펴볼까요.

소피아 코발레프스카야
우표에도 등장할 정도로 러시아가 자랑하는 수학자이다.

한 실험에서 똑같은 사람의 작품을 한 집단에는 남자가 쓴 글이라고
하고, 다른 집단에는 여자가 쓴 글이라고 소개한 다음, 그 글에 대한 평
가를 하도록 했습니다. 그랬더니 놀라운 결과가 나타났습니다. 남자가
쓴 글이라고 소개한 집단에서는 글 내용을 칭찬하는 평이 아주 많이 나
온 반면, 여자가 쓴 글이라고 한 집단에서는 글의 내용을 비판하는 평이
많이 나온 것입니다. 이는 여성이라는 이유로 능력을 의심받을 수 있다
는 것을 보여 줍니다. 또 외국의 한 유명 오케스트라단에서 단원을 뽑을
때 여자인지 남자인지 모르게 하고 뽑았더니, 성별을 알고 선발할 때보
다 여자 단원이 더 많이 뽑혔다는 보고도 있습니다. 이런 실험 결과들은
아직까지 사람들의 머릿속에 여성을 차별하는 과거의 유물이 여전히 작
용하고 있음을 증명합니다.

5

이상적인 여성상과 남성상의 변화

부드러운 남자, 강한 여자

성역할 고정관념이 강한 과거에는 강한 남성성을 가진 남자를 이상적인 남자로 간주했습니다. 반대로 여성은 부드럽고 순종적인 경향을 가진 사람을 이상적으로 생각했습니다.

사람들이 이런 생각을 할 때에는 영화나 드라마에서도 강한 카리스마를 가진 남자 배우들이 인기를 끌었습니다. 여자는 연약한 인상을 주는 배우들이 인기를 끌었지요. 그러나 요즘은 어떤가요? 성역할 고정관념이 어느 정도 약해진 지금, 이런 캐릭터의 배우들은 더 이상 예전과 같은 인기를 얻지 못합니다. 지금은 오히려 부드럽고 다른 사람을 배려할 줄 아는 남자 배우가 더 많은 인기를 얻고 있습니다. 상품을 홍보하는 광고에도 이런 점이 반영되어 여자 친구나 후배를 잘 보살피고 배려하는 남자가 광고의 주인공으로 등장합니다. 반면 여자의 경우에는 다른 사람의 도움을 받지 않으며 오히려 남자를 주도하여 이끌어가고 자기 일을 잘하는 씩씩한 여성이 등장합니다. 최근에는 '걸 크러쉬'라고 하여 적극적이고 강한 캐릭터를 가진 여자 연예인들이 많은 인기를 얻으며 여러 프로그램에서 종횡무진 활약하기도 합니다. 이는 이상적인 여성상과 남성상이 바뀌고 있음을 보여 주는 예들입니다.

이처럼 시대의 변화에 따라 선호하는 여성상과 남성상도 변모하고 있습니다. 여성다움과 남성다움은 고정되어 있는 것이 아닙니다. 시대에 따라 변하는 것입니다. 챔불리 부족의 사람들처럼 남성성과 여성성은 서로 뒤바뀔 수도 있습니다. 그래서 어쩌면 미래 사회에서는 여성성과 남성성이 완전히 역전되어 여성은 강하고 씩씩하며, 반대로 남성은 부드럽고 연약하다고 생각하는 그런 시대가 올지도 모릅니다. 그래서일까요? 남녀 성역할 구분은 개인의 개성과 자유를 존중하는 현대사회에는 더 이상 맞지 않는 낡은 유물이라고 생각하는 사람들이 점점 더 늘어나고 있습니다.

앞에서 여러 차례 이야기했듯이 성역할 고정관념은 정도의 차이는 있지만 사람들의 생각과 행동을 제약합니다. 우리의 생각과 행동을 제한하여 내가 어떤 사람인지, 또 내가 어떤 능력을 가지고 있는지를 제대로 알지 못하게 방해하고, 그것을 펼치지 못하게 합니다. 만약 우리가 여자 혹은 남자라는 성별에 구속받지 않고, 하고 싶은 것을 다 경험할 수 있다면 어떨까요? 미처 모르고 있던 나의 숨은 힘과 재능을 발견할 수도 있지 않을까요?

칼 융
스위스의 정신의학자로 '사람은 여성성과 남성성
모두를 가지고 있다'고 주장했다.

　우리 모두는 전 세계 60억 인구 중에 오직 하나뿐인 매우 독특하고 특별
한 존재입니다. '칼 융'이라는 정신분석학자는 사람은 누구나 '아니마(여
성성)'와 '아니무스(남성성)'를 다 가지고 있으며, 또 우리 모두는 세상을
바꿀 수 있을 만큼 무한한 힘을 우리의 무의식 속에 가지고 있다고 하였
습니다. 함께 사는 이모의 가족들에게 조롱당하고 무시당하던 해리포터
가 우연한 계기로 누구보다 훌륭한 마술 실력을 가지고 있다는 것을 알
게 되어 마법세계를 구해낼 수 있었던 것처럼, 우리도 그 누구의 것이 아
닌 오직 나만의 특별한 능력을 가지고 있습니다. 우리 안에 숨어 있는 이
놀라운 능력은 성별을 의식하지 않고 자신의 모습을 있는 그대로 볼 때
더 잘 이끌어낼 수 있을 것입니다.
　'나다움'을 자유롭게 발휘하고 살 때 우리의 삶은 훨씬 더 풍부하고 행

복하지 않을까요? 내가 원하는 대로 '나다움'을 마음껏 발휘할 때 보다 많은 경험을 할 수 있고, 더 많은 경험은 우리를 더 유능한 사람으로 만들어 더 많은 것을 이루게 해줄 것입니다.

성역할이라는 장애물을 넘어 각자의 개성에 따라 자유롭게 살 수 있는 날을 한번 상상해 보세요. 생각하는 것만으로도 벌써 신나지 않나요?

2장

평등한 권리를 향한 긴 여정

1

성평등을 향한 여정의 시작

시민이 되지 못한 여성

혹시 '페미니즘Feminism'이라는 말을 들어본 적이 있나요? 요즘 많은 사람들이 '페미니즘'이란 말을 사용하기 때문에 누구나 한번쯤은 들은 적이 있을 것입니다. 자주 사용되는 말이어서 이미 그 뜻을 알고 있는 독자들도 있을 것이라 생각되는데, 페미니즘이란 '여성해방' 또는 '여성의 권리를 찾기 위한 노력'을 말합니다.

페미니즘이라는 말은 1830년경 프랑스에서 처음 사용된 것으로 알려져 있습니다. 처음에 이 말은 지금 우리가 쓰고 있는 것처럼 여성해방이라는 뜻을 가진 단어가 아니었다고 합니다. 그 당시에는 '여성과 같은 성격을 가진 남자'를 가리키는 의학 용어로 지금과는 아주 다른 의미를 가지고 있었습니다. 그러다가 19세기 후반 프랑스의 여성해방론자이자 유명한 여성참정권 운동가인 '위베르틴 오클레르'라는 사람이 페미니즘이라는 단어를 여성의 권리를 얻기 위한 운동을 상징하는 말로 삼자고 주장하면서 '여성해방'이나 '여성의 권리'를 의미하는 말로 사용되기 시작했습니다.

20세기가 되기 전까지 여성은 법과 관습에 의해 많은 차별을 받았습니다. 유럽에서는 똑같은 죄를 지어도 여성에게 더 심한 처벌을 했습니다. 여자와 남자는 마치 다른 신분을 가진 사람처럼 교회에 가면 아내는 남편과 같은 자리에 앉을 수도 없었습니다. 여성은 어른이 되어도 남성처럼 독립적인 인격체로 인정받지 못했고, 결혼을 하면 남편의 지배를 받고 소유물 취급을 당했습니다. 그 당시 러시아의 법에는 '아내는 가장인 남편에게 복종하고 존경과 순종을 표해야 한다'고 되어 있을 정도입니다. 그래서 아내와 남편의 관계는 아이와 어머니의 관계와 같다고 말하는 사람도 있었습니다.

그런데 여성에 대한 이런 차별이 지나간 과거의 유물이 아니라 여전히 이어지는 곳이 있습니다. 사우디아라비아에서는 여자는 운전도 할 수 없고, 외출할 때에는 얼굴을 가리는 히잡을 써야 하며, 남편이나 남자 형제가 같이 동행하지 않으면 집 밖으로 나갈 수 없습니다. 아프카니스탄의 탈레반은 여성에게는 학교에 다니지 못하도록 금지하고, 직업을 가졌다는 이유로 여자 교사를 죽이기도 했습니다. 아직도 이슬람 일부지역에서는 가족의 명예를 위해 여성을 살해하는 '명예살인'이 이루어지기도 합니다. 법에서는 금지하고 있지만 전통이라는 이름으로 행해지고 있습니다.

위베르틴 오클레르

위베르틴 오클레르는 프랑스에서 최초로 여성의 참정권을 주장하고, 신문 〈여성 시민〉을 창간하여 여성 참정권의 필요성을 널리 알렸다. 오클레르는 소설 ≪레미제라블≫을 쓴 빅토르 위고가 여성의 지위를 노예로 표현한 '시민은 있으나 여성 시민은 없다'라는 말에 영향을 받아 여권운동에 뛰어들었다. 그녀는 참정권이 없는 여성에게는 정부가 세금을 부과할 권리가 없다고 주장하며 세금을 내지 않아 소송을 당하기도 하였다. 당시 프랑스 법에는 여자는 법정에서 증언을 할 수 있는 자격이 없었다. 그래서 오클레르는 자신이 누구인지 증명하기 위해 두 명의 다른 남자 증인을 세워야만 했다.

참정권뿐만 아니라 오클레르는 불평등한 남녀관계를 변화시키기 위해 다른 활동을 하기도 했다. 그 당시 프랑스에서는 결혼하는 여자는 남자에게 복종해야 한다는 의무가 법적으로 규정되어 있었다(민법 213조). 이 법이 여성을 노예 상태나 마찬가지로 만든다고 생각한 그녀는 사람들이 결혼식을 하는 구청에 가서 "남편에게 복종하고 순종할 의무 따위는 없어요. 당신은 모든 면에서 남편과 동등해요."라고 하며 여성들에게 이 맹세를 하지 말 것을 호소했다. 한번은 이 조항이 여성을 모욕하는 것이라 주장하며 항의하다 결혼식장에서 쫓겨나기도 했다. 이 법은 1942년에야 비로소 폐지되었다.

이처럼 여자는 법에 의해 성숙한 인격체로 인정받지 못했기 때문에, 남자라면 누구나 누리는 권리를 누리지 못했습니다. 여성은 자기 재산을 소유할 수 없었고, 교육을 받지 못했으며, 투표할 권리도 없었습니다. 한 국가의 시민이라면 누구나 가지고 누려야 하는 이런 권리들은 오직 남자에게만 허용되었습니다.

아주 오랜 기간 동안 여성은 남성보다 열등하다고 여겼기 때문에 여성들조차도 이런 불평등을 당연한 것으로 여겼습니다. 남성에게 순종하며 사는 것이 옳다고 생각하고 그렇게 살아 왔습니다. 그러나 이런 법과 제도가 잘못된 것이라는 자각이 서서히 일어나기 시작했습니다. 여성 또한 남성과 동등한 시민이고 똑같은 권리를 가져야 한다는 것을 깨우친 여성들이 등장하기 시작한 때문입니다. 이런 여성들이 출현하면서 '여성해방을 위한 운동', 즉 '페미니즘'의 역사가 시작되었습니다.

반쪽의 평등

그렇다면 왜 여성에게는 남성과 동등한 법적 권리를 인정하지 않으려고 했을까요? 그 이유는 앞장에서 살펴보았듯이 남성이 여성보다 더 능력이 뛰어나고 우월하다는 인식 때문이었습니다. 이런 생각은 사람들의 생각 속에 아주 깊이 박혀 있었습니다. 그래서 "모든 인간은 자유롭고 평등하다"고 주장한 '장 자크 루소'와 같은 유명한 사상가조차도 평등한 인간 속에 여자는 포함시키지 않았습니다. 루소는 오히려 "여자는 자연적으로 남자보다 약한 존재이기 때문에 남자와 같이 평등할 수 없다"
거나, "여자는 남자에게 양보하고 부당한 대우에도 견디도록 만들어졌
다"는 말도 안 되는 주장을 하며 여성차별을 옹호하였습니다. 루소의 주
장처럼 '모든 인간이 자유롭고 평등하다'면, 모든 인간에는 여자도 포함
되기 때문에 당연히 여성 또한 남성과 마찬가지로 자유롭고 평등한 사
람으로 인정받아야 하고, 법적으로 동등한 권리를 누려야 합니다. 그런
데도 루소는 모든 인간은 평등하다는 자신의 말을 부정하고, 여성은 남
성과 평등할 수 없다는 모순적인 말을 하며 자신의 주장을 뒤집습니다.

　그런데 여성에 대한 차별을 당연한 것으로 여기는 잘못된 생각은 루소
만이 아니라 그 당시 대부분의 남성들이 가지고 있었습니다. 루소가 이
런 주장을 하던 18세기는 '모든 사람은 평등하다'는 계몽주의 사상이 널
리 퍼져 나가던 시기입니다. 왕족과 귀족만이 특권과 권리를 누리는 것
에 반대했던 계몽주의 사상가들은 '모든 사람은 평등하다'고 소리 높여
주장했습니다. 그러나 모든 사람이 평등하다는 그들의 주장은 여성에게
는 적용되지 않는 '반쪽의 평등'이었습니다. 평등한 사람에는 남자만이
포함되었고 유감스럽게도 여자는 제외되었던 것입니다.

　이처럼 다른 사람들을 교육하고 이끌어 가는 계몽주의 사상가들조차
도 여성에 대한 남성의 지배가 자연의 섭리라는 성차별적인 생각에서 벗
어나지 못하고 있을 때, 남자이지만 여성의 권리를 주장하고 성차별을
없애야 한다는 앞선 생각을 가진 사람들도 있었습니다. 공리주의자로
유명한 '존 스튜어트 밀'이나 정치가인 '마르퀴 드 콩도르세'와 같은 일부
사상가들이 바로 그런 사람들입니다. 이들은 '여성도 남성과 마찬가지로

장 자크 루소
프랑스의 작가이자 사상가로 여성에 대한 차별을 옹호하였다.

법적으로 동등한 지위를 가져야 하고, 남성의 지배로부터 여성을 해방
시켜야 한다'는 주장을 하였습니다.

밀은 《여성의 예속》이라는 유명한 책을 써서 '여성이 남성에게 종
속된 삶을 사는 것은 잘못된 것이며, 이런 잘못된 관습이 인류의 발전을
방해한다'고 비판하며 성차별을 없애기 위해 여성해방운동에 앞장섰습
니다. 이 책에서 밀은 '여성도 남성과 법적으로 동등한 권리를 가져야 하
고, 자유롭게 직업을 가질 수 있도록 하며, 교육받을 수 있는 기회를 주
어야 한다'고 적극적으로 여성의 권리를 옹호했습니다.

그뿐만이 아니라 밀은 여성에게도 투표에 참여할 수 있는 '참정권'을
주어야 한다는 주장을 하고, 1866년에는 이를 최초로 영국 의회에 청원
하기도 했습니다. 여성을 마치 남성의 사유재산처럼 여기며 미성숙한

존 스튜어트 밀
영국의 학자로 여성에게도 참정권을 주어야 한다는 주장을
하여 세상을 놀라게 했다.

사람 취급을 하던 시대에 여성에게도 참정권을 주어야 한다는 밀의 주
장은 참으로 충격적인 것이어서 사회적으로 큰 파문을 불러일으켰습니
다. 그래서 수많은 남성들이 이런 주장을 한 밀을 조롱하며 비난을 퍼
부었습니다.

정치가인 마르퀴 드 콩도르세도 '여성이 남성에 비해 이성적으로 열
등하다'는 당시의 성차별적인 생각을 비판하며 '교육에서의 성차별을 없
애고 여성도 남성과 동등한 교육을 받도록 해야 한다'고 주장했습니다.
밀과 마찬가지로 콩도르세 또한 여성도 남성과 똑같이 사회에 참여하고
일하는 기회를 주어야 한다는 생각을 가지고 있었습니다. 그러기 위해
서는 무엇보다 동등한 교육이 이루어져야 한다고 생각하고 이런 주장을
했던 것입니다.

마르퀴 드 콩도르세
프랑스의 학자로 여성에게도 법적으로 동등한 자격을 주고,
그를 위해 동등한 교육을 받아야 한다고 주장했다.

　그리고 '부아셀'이라는 학자는 남편이 아내를 지배하고 아내는 남편에
게 복종하는 것을 당연하게 여기던 시대에 '부부는 평등하다'는 주장을
하여 사람들을 놀라게 했습니다. 또 철학자 칸트의 친구 '테오도르 히펠'
도 여성과 남성은 같은 능력을 가지고 있지만 여성의 능력은 무시되고
억압받는다고 말하며 남성 중심적인 사회를 비판하였습니다. 히펠은 학
생 때 독일 최초로 여권운동을 선언하기도 했습니다.

　이런 몇몇 앞선 생각을 가진 선구자들의 자유·평등 사상에 힘입어 불
평등한 자신들의 위치를 바꾸고자 하는 여성들이 생겨나기 시작했고, 그
수는 점점 늘어났습니다. 이들은 '모든 사람은 평등하다'는 주장에 여성
은 포함되지 못하는 모순을 지적하면서 여성도 동등한 법적 인정을 받을
수 있도록 힘을 모으기 시작했습니다.

올랭프 드 구즈
정치가로 프랑스 대혁명에 참가하고 여성의 권리를 주장했다.

　이런 여성들 가운데는 '올랭프 드 구즈'라는 작가이자 정치가도 있었습니다. 프랑스 대혁명에도 앞장섰던 구즈는 프랑스 혁명 후 발표된 〈인간과 시민의 권리선언〉이 여성의 권리는 인정하지 않고 남성의 권리만 인정하고 있다며, 여성이 보장받아야 하는 17가지 권리를 밝힌 〈여성의 권리선언〉을 직접 만들어 발표하며 "여성이여, 깨어나라! 자신의 권리를 발견하라!"고 외쳤습니다.

　이 선언에서 구즈는 '시민'이라는 말이 불합리하게도 남자만을 의미한다고 비판하면서, "여성도 남성과 같이 평등하게 태어났기 때문에, 모든 권리를 동등하게 누려야 한다"고 주장했습니다. 그리고 여성에게도 재산권과 참정권을 줄 것을 당당하게 요구했습니다. 여성이 정치에 참여하는 것은 잘못된 것이라 여기던 시대에 이런 혁명적인 선언을 하는 바람에 구즈는 그만 남성들의 미움을 사게 되었고, 결국에는 사형 선고를 받고 말았습니다. 사형을 받기 위해 형장에 섰을 때, 구즈는 다음과 같은 유언을 남기고 세상을 떠났습니다.

여성이 단두대에 설 권리가 있다면,
의회 연단에 설 권리도 있다!

구즈는 죽음을 눈앞에 둔 마지막 순간까지도 여성과 남성은 평등하고 동등한 법적 권리가 있다는 것을 세상에 호소하며 눈을 감았습니다.

2

여성에게는 허락되지 않은 권리

재산권

재산을 가질 수 없는 여성

19세기 후반까지 여성들은 자신의 재산을 가질 수 없었습니다. 부모로부터 재산을 상속받아도 결혼을 하고 나면 그 재산은 남편의 것이 되었습니다. 사랑하는 딸을 위해 부모님이 남겨준 재산이라 할지라도 그 재산을 쓸 권리는 결혼하기 전까지만 인정되었을 뿐, 결혼을 하면 남편에게로 넘어갔습니다. 그 당시 결혼한 여성은 남편의 소유물로 여겼기 때문에 아내가 가진 모든 재산이나 돈에 대한 결정권은 남편에게로 넘어가, 여성은 아무런 권리를 주장할 수 없었습니다. 재산을 어떻게 쓸 것인지는 오직 남편만이 결정할 수 있었습니다.

그런데 아주 오래전, 고대 바빌로니아나 이집트의 여성들은 자신의 재산을 소유할 수 있었다고 합니다. 스파르타의 여성들은 전체 토지의 3분의 2나 소유하였고, 바빌론의 여성들은 자신의 결혼 지참금을 쓸 권한을 가지고 있었습니다. 그런데 시대가 바뀌면서 이런 권리를 빼앗기고 아무것도 소유할 수 없게 된 것입니다.

우리나라에도 고려시대나 조선시대 중반까지는 여성도 남성과 똑같이 유산을 상속받고 자기 재산을 소유할 수 있었다고 합니다. 재산을 어떻게 나누었는지를 기록해 놓은 분재기가족이나 친척에게 나누어 줄 재산을 기록한 문서를 보면 여자와 남자를 구분하지 않고 똑같이 나누는 '균분상속'을 했던 것을 볼 수 있습니다. 5만원짜리 화폐의 주인공인 신사임당의 경우를 보면 이 사실을 확인할 수 있습니다. 신사임당의 부모가 재산을 아들과 딸 구분 없이 공평하게 나누어 주겠다는 뜻을 밝힌 문서가 남아 있고, 신사임당 역시 자식들에게 균분상속을 했습니다.

아무리 재산이 많아도 결혼을 하면 여성은 재산을 소유할 수 없는 법때문에 어떤 경우에는 피해자가 되는 여성들이 생기기도 했습니다. 그당시를 배경으로 한 영화나 소설에는 종종 파티에서 돈 많은 상속녀의 재산을 노리고 접근하는 남자들을 볼 수 있습니다. 결혼에 성공하기만하면 부인이 상속받은 재산을 자기 마음대로 사용할 수 있어 이것을 노리고 사랑하는 척 거짓으로 접근해 결혼하려는 남자들입니다. 거짓 사랑에 속아 결혼하자 속셈을 드러낸 남편에게 전 재산을 빼앗기고 길거리로 쫓겨난 불행한 여자들은, 불평등한 법 때문에 억울함을 호소할 수도 보호받을 수도 없어 그저 남편의 자비만을 기대해야 했습니다.

또한 여성은 일을 해서 돈을 벌어 오더라도 그 돈을 소유하지도 못하고 마음대로 쓸 수도 없었습니다. 남편이 원할 경우 번 돈은 모두 다 남편에게 주어야 하기 때문입니다. 술주정뱅이 남편이 술 먹는 데 돈을 몽땅 다 써버려 가족들이 굶게 되더라도 어쩔 수가 없었습니다. 아무리 힘들여 번 돈이라도 남편이 달라고 하면 법에 따라 줄 수밖에 없었습니다.

지금 생각하면 불합리하기 짝이 없지만 이러한 법과 관습은 오랜 기간 고쳐지지 않은 채 계속 이어졌습니다. 그래서 여성들은 국가와 남성을 향해 법을 고쳐 자신들의 재산권을 인정해 달라는 요구를 하기 시작했습니다. 물론 남성들은 오랫동안 누려온 자신들의 특권을 포기하지 않으려 했고 여성들의 요구를 무시했습니다. 그래서 여성들이 재산권을 얻기까지는 많은 시간이 걸렸습니다. 그렇지만 여성들은 포기하지 않고 끊임없이 자신들의 권리를 요구했고, 마침내 19세기 후반 자신의 재산을 소유할 수 있게 되었습니다. 미국에서는 1860년, 영국에서는 1882년에 여성의 재산권을 인정했습니다.

교육권
교육은 남자들만의 권리

여성들은 교육받을 기회에서도 불평등했습니다. 공교육은 처음 남자들만을 대상으로 하였고 여자들에게는 문을 열지 않았습니다. 이후 여자들에게도 교육받을 기회를 허용했지만 그것은 초등교육일 뿐이었습니다. 남자들은 중등교육은 물론 더 높은 수준의 고등교육도 받을 수 있었지만, 여자는 글을 쓰고 생각하는 일은 맞지 않다며 겨우 글자를 읽고 쓸 수 있을 정도의 낮은 수준의 교육만을 허락했습니다. 그래서 성경을 읽을 정도, 그리고 아이들을 교육할 정도까지만 글을 가르쳤습니다. 교육을 시킨 목적도 서로 달랐습니다. 남자들은 시민으로서 필요한 교양을 갖추는 데 목적을 둔 반면, 여자들은 종교적인 이유나 아내 또는 어머니로서의 역할을 잘하도록 하는 데 목적을 두었습니다.

여성들에게는 높은 수준의 교육을 허락하지 않고 겨우 글을 읽고 해석할 정도의 교육을 했던 것은 우리나라 조선시대의 상황과 비슷합니다. 조선시대 여성들은 당시 진정한 글이라고 했던 한문 공부를 할 수 없었습니다. 한문을 배울 기회는 오직 남성들에게만 허락되었습니다. 대신 여자들은 천한 글이라고 무시당하던 한글, 즉 '언문'만 배울 수 있었습니다. 여성들은 언문으로 된 여성교육서를 읽으며 여성으로서 해야 할 일과 행동과 덕목을 익혔습니다.

지금은 여자들도 차별받지 않고 대학에 진학할 수 있지만 18세기까지 여자는 아무리 능력이 뛰어나도 대학에 갈 수 없었습니다. 오늘날에는 여학생들의 입학을 금지하는 학교는 아주 특수한 경우를 제외하고는 거의 없습니다. 우리나라에도 이전에는 군인 장교를 기르는 사관학교에 여성의 입학을 허락하지 않았습니다. 1997년 공군 사관학교가 여학생의 입학을 허락하자, 육군 사관학교와 해군 사관학교가 차례차례 문을 열면서 지금은 제한이 없어졌습니다. 여성의 입학을 금지했던 사관학교가 여학생을 받아들이자 놀라운 일들이 벌어지고 있습니다. 수석 입학생이나 수석 졸업생을 차지하는 여학생들도 나타나고 그 활약이 대단합니다. 우리나라의 육군 사관학교와 같은 미국의 '웨스트포인트'라는 사관학교에서는 한국계 여학생이 학교가 생긴 이래 처음으로 전체 학생들을 지휘하는 생도대장으로 뽑혀 화제가 된 적도 있습니다.

그러면 이전에는 왜 여성들에게는 교육의 기회를 주지 않으려고 했던 것일까요? 여성에게 기회를 주지 않으려 한 것은 여성을 계속 지배하려는 남성들의 이기심 때문이었습니다. '여성이 글을 읽을 수 있는 순간 여성문제가 등장한다'는 말이 있습니다. 여성을 지배하던 남성들은 여성들이 교육을 받아 똑똑해지면 자신들의 불리한 처지를 알게 되고, 그러면 그런 불합리한 점을 바꾸려고 저항하지 않을까 두려웠던 것입니다. 그래서 여성에게 기회를 주지 않거나 주더라도 최소한의 교육만 허락했던 것입니다. 이런 생각은 '레티프 들라 브로톤'이라는 프랑스 소설가의 글에 잘 나타나 있는데, 그는 ≪부정한 아내≫라는 자신의 소설 서문에 이런 글을 쓰면서 여성교육의 필요성을 부정합니다.

여성이 무지하면 여성을 복종하게 만들고 집안에 있게 만드는 많은 장점이 있다. 두 성별(여성과 남성)은 자연적으로 평등하지 않으며, 여자들이 많이 알고 똑똑해지면 남자가 여자를 지배하는 자연적인 질서를 파괴하는 아주 나쁜 결과를 가져올 것이다.

그 당시 남성들은 대부분 브로톤과 같은 생각을 가지고 있었습니다. 그런 이유로 후에 여성에게 대학교육을 허락할 것인가를 두고 격렬한 논쟁이 벌어지기도 했습니다.

남성이 여성을 지배하는 질서가 무너지게 될까 여성 교육을 금지했지

크리스틴 드 피장
크리스틴 드 피장은 자신의 소설 ≪여성들의 도시≫에서
여성에 대한 억압이 없는 사회를 그리고 있다.

만, 여성과 남성이 평등하다는 진리를 끝까지 숨길 수는 없었습니다. 여성과 남성은 같은 사람이기 때문에 서로 평등하고, 여성이 남성에게 지배당하는 것은 자연적인 것이 아니라 남성이 만든 관습 때문이라는 사실을 시간이 지나면서 점점 더 많은 여성들이 알아차렸습니다.

사회가 만든 이런 불평등한 관습과 제도를 바꾸기 위해서는 무엇보다 교육이 필요하다는 것을 자각한 여성들은 남성과 동등한 교육을 받을 권리를 요구하기 시작했습니다. 사실 여성에게도 교육을 시켜야 한다는 요구를 한 사람은 아주 오래전부터 있었습니다. 일찍이 14세기에 '크리스틴 드 피장'이라는 프랑스 여성은 남녀 차별 없는 교육을 해야 한다고 주장하였습니다. 만약 여자들에게도 교육이 이루어진다면 남자들과 똑같이 학문과 예술을 이해할 것이라고 하면서 말입니다. 피장은 중세의 유럽에서 여성으로서는 최초이자 거의 유일하게 작가로 생계를 이어간 사람입니다. 그녀는 남편이 사망하고 먹고사는 일이 어려워지자 글을 써서 가족의 생계를 해결하였습니다. 그러다 보니 글을 읽고 쓰는 것의 중요성을 알게 되어 여성교육의 필요성을 말하였던 것입니다.

남자들이 교육권을 주장하는 여자들의 요구를 무시하고 응해 주지 않자, 직접 여학교를 세우고 교육하는 여성들도 생겨났습니다. 최초의 페미니스트(여성해방론자)로 유명한 '메리 울스턴크래프트'도 그런 사람 중의 하나였습니다. 울스턴크래프트는 동생과 친구와 힘을 합쳐 학교를 세우고 여성들을 대상으로 교육을 시작했습니다. 미국에서는 '메리 라이언'이라는 여성이 최초로 여학교를 세우고 무료로 고등교육을 실시하였습니다.

어렵게 고등교육의 혜택을 받은 여성들 가운데 더 공부하기를 원하는 사람들은 대학 입학 허가를 받기 위해 직접 학교로 찾아가 문을 두드리며 호소했습니다. 그런 여성들 중에는 세계 최초로 의대에 진학하여 의사가 된 '엘리자베스 블랙웰'도 있습니다. 이런 노력이 차곡차곡 쌓이면서 19세기 말 남녀 모두에게 평등한 대학교육의 길이 열렸습니다. 남학생들만 받아들이던 대학이 여학생들에게도 문을 열었고, 1875년에는 미국에서 스미스 대학과 웨슬리 대학과 같은 여자대학들도 생겨나 여성들도 대학에 갈 수 있게 되었습니다.

최초의 여의사 엘리자베스 블랙웰

　역사상 최초의 여의사 엘리자베스 블랙웰은 여성이 교육권을 얻기 위해서 얼마나 힘든 과정을 겪어야 했는지 잘 보여 준다. 블랙웰은 여자들이 남자 의사에게 진료받는 것을 싫어해 제대로 치료받지 못하는 것을 보고 의사가 되기로 결심한다. 1847년 의대 입학을 시도했지만 여자를 받아 주는 학교가 없어 시작부터 심각한 어려움을 겪는다. 무려 29개의 의과대학에 입학을 요청했지만 퇴짜를 맞고, 뉴욕에 있는 제네바 의과대학에서 겨우 입학 허가를 받는다.

　여자가 입학하려는 게 처음이라 학교에서는 재학생들에게 입학을 허가할지 말지에 대해 물었다. 그러자 학생들은 설마 여자가 진짜 의사가 되려 할까 생각했고, 오래 버티지 못할 줄 알고 장난삼아 입학을 허락했다고 한다. 입학 후 그녀가 진짜 의사가 되려 한다는 것을 알고는 놀라서 수업을 방해하고 괴롭혔다. 그래서 그녀는 한동안 임상 실습실과 해부학 수업에 들어가지 못했다고 한다. 그래도 포기하지 않고 열심히 공부하자 마침내 동료들도 그녀를 인정하기 시작하였고, 수석으로 졸업하여 결국 의사가 된다.

　하지만 졸업 후 또다시 좌절을 경험하게 되는데, 여자라는 이유로 어느 병원에서도 받아 주지 않아 취업을 할 수 없었기 때문이다. 그래서 어쩔 수 없이 개업을 하게 되었는데, 이번에는 건물 주인이 여자가 의사인 병원을 못 하게 하여 개업에 차질을 빚는다. 나중에 다른 건물주를 설득하여 병원을 개업하고는 여성들을 치료하고 빈민들을 위한 병원을 열어 봉사하기도 하였다.

　후에 그녀는 영국으로 건너가 여성을 위한 의대를 설립하고, 그곳의 교수가 되어 여자 의사 배출에 힘썼다.

우리도 투표하고 싶어요

앞에서 본 것처럼 여성들은 재산을 소유하지도 못하고 교육에서도 차별을 받았습니다. 그런데 이 시기에 여성들이 가질 수 없는 또 하나의 권리가 있었습니다. 그것은 바로 선거에 참여하는 '참정권'입니다. 여성들은 참정권이 없었기 때문에 자신이 원하는 대표자를 뽑을 수 없었습니다. 당연히 대통령이나 국회의원 선거에 출마할 수도 없었지요. 그래서 '버지니아 울프'라는 영국의 유명한 여성작가는 '여자에게는 조국이 없다'라는 말을 하기도 했습니다. 투표권을 주지 않는 것은 국민으로 인정하지 않는 것과 마찬가지니 이런 말을 한 것입니다.

한 국가의 국민이라면 누구나 누려야 하는 권리 중의 하나가 참정권입니다. 남자들은 지금부터 약 2,500년 전인 고대 그리스 시대에 이미 투표에 참여하는 참정권을 누렸습니다. 그러나 여자들이 참정권을 가지고 자신의 대표자를 뽑는 일에 참여하기 시작한 것은 채 100년이 되지 않습니다. 각 나라마다 여성에게 참정권을 부여한 시기는 차이가 있습니다. 세계에서 가장 먼저 여성의 참정권을 인정한 나라는 어디일까요? 바로 뉴질랜드입니다. 뉴질랜드는 1892년에 세계 최초로 여성들도 투표에 참여할 수 있도록 참정권을 부여하였습니다. 그 뒤를 이어 1902년에는 호주, 1906년에는 필란드, 1907년에는 노르웨이가 여성에게 참정권을 주었습니다. 미국은 1920년에 여성의 참정권을 인정했습니다. 영국은 1918년 30세 이상의 결혼한 여성에게만 참정권을 주었다가 10년 뒤인 1928년 남성들과 똑같이 21세 이상의 모든 여성들에게 참정권을 주었습니다.

프랑스는 영국보다 먼저 왕정을 폐지하고 민주적인 공화정을 수립한 나라이지만 1944년에야 여성의 참정권을 인정합니다. 중립국가로 유명한 스위스는 20세기 초반부터 여성들이 참정권을 얻기 위한 운동을 벌였는데도 1971년에 와서야 비로소 여성의 참정권을 인정합니다. 아랍권 국가인 사우디아라비아에서는 유엔과 국제사회의 비판에도 '월경이 정치적 판단을 흐리게 한다'는 이유를 들어 선거권을 주지 않다가 마침내 굴복하여 2015년 처음으로 여성들이 투표에 참여하였고, 여성들이 참여한 첫 투표에서 여성의원도 배출하였습니다.

그럼 우리나라는 어떨까요? 우리나라는 일본으로부터 독립하여 정부를 수립한 해인 1948년 여성도 남성과 똑같이 참정권을 얻어 투표에 참여했습니다.

지금 우리는 만 19세가 되면 누구나 참정권을 행사할 수 있는 자격을 가집니다. 성별에 상관없이 누구나 공평하게 선거나 투표에 참여하기 때문에 그 권리가 얼마나 소중한 것인지를 잘 모르는 것 같기도 합니다. 지금 우리 여성들이 누리는 참정권은 그냥 주어진 것이 아닙니다. 이 권리는 우리보다 앞서 살았던 선배 여성들이 100년이 넘는 긴 시간 동안 힘든 투쟁을 벌인 끝에 어렵게 얻어낸 소중한 전리품입니다.

남성들은 여성의 재산권과 교육권은 인정하더라도 참정권만은 자신들이 독점하려고 했습니다. 참정권을 주지 않으려고 '만일 여자가 투표를 하면 남자가 여성화될 것'이라는 엉터리없는 말을 하기도 하고, '여자들에게 투표권을 주지 않는 것은 너무나 여자를 사랑해서 그렇다'는 등 온갖 핑계를 대며 거절하였습니다. 그래서 참정권을 얻기까지 수많은 여성들이 오랫동안 끈질기고도 힘든 싸움을 벌여야만 했습니다. 그 때문에 여성 참정권을 위한 운동을 '세상에서 가장 긴 싸움'이라 부르기도 합니다.

투표에 참여할 수 있는 권리를 얻기 위해 여자들은 국가와 남자를 상대로 모든 수단과 방법을 동원하여 맞섰습니다. 16세기 후반 '몽테뉴'라는 사상가는 "이 세상의 규칙은 여자들에게 물어 보지 않고 만들었기 때문에 어겨도 잘못이 없다"고 말한 적이 있습니다. 그 말을 따르듯 법을 어기는 것은 물론이고 폭력적인 시위를 벌이는 것도 마다하지 않아 참정권 운동을 벌인 많은 사람들이 감옥에 가야 했고, 심지어 자신의 목숨을 희생한 사람들도 있었습니다. 이런 험난한 노력 끝에 얻어낸 것이 참정권입니다. 그들의 노력으로 여성들은 자신의 손으로 대표자를 뽑게 되었으며, 직접 대표자가 되기 위해 출마할 수도 있게 된 것입니다. 이런 노력을 기리기 위해 2015년에는 영화 〈서프러제트〉*가 만들어져 런던 영화제에서 개막작으로 상영되었습니다.

그럼 여성들이 한 나라의 국민으로 가장 중요한 권리라고 할 수 있는 참정권을 얻기까지 얼마나 어렵고 힘든 과정을 거쳤는지, 참정권 운동을 이끌었던 그들의 여정을 한번 살펴볼까요?

---

* 서프러제트 _ 영어로 쓰면 Suffragette로 여성 참정권 운동가를 의미한다.

3

역사상 가장 긴 싸움,
여성 참정권 운동을 이끈 사람들

매리 울스턴크래프트(1759~1797년)
페티코트를 입은 하이에나

최초의 페미니스트로 유명한 '매리 울스턴크래프트'는 18세기 후반 그 누구보다 앞서 '여성도 인권이 있고 남성과 평등하다'는 주장을 하여 세상의 이목을 끌었던 여성입니다. 그녀는 1792년에 영국에서 출판된 ≪여성권리의 옹호≫라는 자신의 책에서 "여성도 남성과 똑같은 권리를 가지고 있다"는 주장을 하여 세상을 깜짝 놀라게 했습니다. 〈여성 권리선언〉을 만들어 발표한 '올랭프 드 구즈'의 영향을 받기도 한 울스턴크래프트는, "이 세상의 반은 여자"라고 말하면서 여성을 차별하는 당시의 법과 제도, 잘못된 사회적 관습을 비판하고 고칠 것을 강하게 요구했습니다.

지금은 아주 일부의 사람을 제외하고는 여성과 남성이 다 같이 평등하고, 똑같은 권리를 가지고 있으며, 자신의 꿈을 실현하기 위해 사회에

참여하는 것을 당연하게 생각합니다. 그러나 울스턴크래프트가 살았던
18세기 영국에서는 이러한 생각이 금기시되었고, 더욱이 그것을 밖으로
드러내어 주장하는 것은 매우 충격적인 행동이었습니다. 왜냐하면 여성
은 선천적으로 남성에 비해 열등하기 때문에 남성과 동등한 권리를 누리
고 사회에 참여한다는 것은 말도 안 되는 것이라 생각했기 때문입니다.
여성에게 주어진 운명은 아내와 엄마의 역할을 충실히 하며 사는 것이었
습니다. 이러한 인식이 지배하던 시대에 여성에게도 법적으로 동등한 권
리를 주어야 한다는 울스턴크래프트의 주장은, 여성이기 이전에 한 인간
으로서도 매우 커다란 용기를 필요로 하는 일이었습니다.

　≪여성권리의 옹호≫는 출판되자마자 여성들의 열렬한 호응과 칭송
을 받았습니다. 책은 폭발적인 인기를 끌며 불티나게 팔려 나가 단번에
베스트셀러가 되었습니다. 그뿐만 아니라 세계 여러 나라로 번역되어 팔

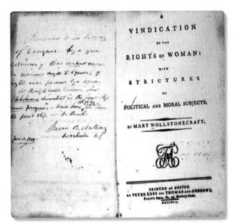

매리 울스턴크래프트의 《여성권리의 옹호》
프랑스 혁명 후 남자에게만 국민교육을 시행
한다는 탈레랑의 교육 법안에 반대하여 쓴 책.

려 나가기까지 했습니다. 이 책이 베스트셀러가 되고 다른 나라에 번역
될 정도로 많은 인기를 끈 것은, 그동안 공공연히 드러내 말하지는 못했
지만 여성들이 남성이 지배하는 사회와 남녀 불평등에 대해 얼마나 많은
불만을 가지고 있었는지 보여 주는 것입니다.

　이 책에서 울스턴크래프트는 '여성에게도 참정권을 주어야 한다'는 참
으로 파격적인 주장을 했습니다. 여자들도 자신들의 의견을 대변할 정
치 대표자를 뽑는 일에 참여할 권리가 있어야 한다는 말은 당시에는 너
무나 위험한 주장이었습니다. 그 때문에 수많은 남성들이 그녀에게 심
한 비난을 퍼부었습니다. 심지어 마녀 취급을 하기도 하고, '페티코트
를 입은 하이에나'라는 말로 조롱하며 그녀를 사나운 동물에 비유하기
도 했습니다.

　하지만 울스턴크래프트는 이런 비난에 조금도 굴복하지 않고 계속 자

신의 주장을 펴나갔습니다. 그녀가 여성들도 참정권을 가져야 한다고 주장한 이유는, 남성들과 같은 법적인 지위를 가지는 것이 얼마나 중요한지를 잘 알고 있었기 때문입니다. 만약 여자도 대표자를 뽑는 참정권을 얻게 된다면 여성의 힘을 쉽게 무시할 수가 없을 것이고, 그렇게 되면 재산권과 같이 남성에게 유리한 법도 바꿀 수 있을 것이라 생각했습니다. 투표권은 여성에게 불리한 법을 바꾸는 데 가장 필요한 무기였던 것입니다.

또한 이 책에서 울스턴크래프트는 여자도 남자와 동등한 교육을 해주도록 요구했습니다. 이렇게 요구한 이유는 교육이 불평등한 여성의 지위를 바꿀 것이라 생각했기 때문입니다. 여자들은 교육의 혜택을 받지 못해 좋은 직업을 가지지 못했고, 결국 남자에게 생계를 의존할 수밖에 없어 남성의 지배를 받은 것입니다. 그래서 만약 여자들도 교육을 받아 능력을 인정받는 전문적인 직업을 가진다면 남자의 지배에서 벗어날 수 있을 것이라 생각해 이런 요구를 한 것입니다.

당시 여성들은 제대로 교육을 받지 못했기 때문에 남성들이 하지 않는 허드렛일이나 낮은 임금을 받는 일만 겨우 할 수 있었습니다. 여자들이 할 수 있는 일이란 아이를 낳을 때 산모를 돕는 조산원이나 옷을 만드는 재봉사나 하녀 정도였고, 일부 교육받은 여자들만이 가정교사 일을 하면서 겨우 생계를 유지할 수 있었습니다.

비록 많은 남자들이 동물이나 마녀 취급까지 하며 울스턴크래프트를 비난하고 미워했지만, 그녀의 주장은 정당하고 옳은 것이어서 그녀의 뜻을 따르는 후배 여자들이 생겨나기 시작했습니다. 이들은 울스턴크래프트가 한 주장이 이루어질 수 있도록 하나로 뭉쳐 조직을 만들고 국가를 상대로 '여성에게도 남성과 동등한 권리를 인정하라'는 여성권리 운동을 펼쳐 나갔습니다.

누구보다 앞서 여성의 권리를 주장했던 울스턴크래프트의 용기와 그것을 이어받은 후배 여성들의 힘겨운 노력은 여성에게 불리한 제도들을 바꾸는 디딤돌이 되었습니다. 그것을 밑바탕으로 자신들이 요구한 권리를 하나하나 획득할 수 있었고, 마침내 1918년 마지막 남은 권리인 참정권을 얻어냈습니다.

이렇게 세상과 남성들의 비판에 맞서 여성 참정권의 필요성을 주장한 울스턴크래프트는 후에 ≪프랑켄슈타인≫을 지은 소설가로 널리 알려진 딸 '셸리'를 낳고 며칠 지나지 않아 산욕열로 안타까운 죽음을 맞게 됩니다.

앞에서 보았듯이 그녀는 생전에 남들보다 앞서 여성의 평등과 권리를 주장했기 때문에 남자들로부터 수많은 비난을 받고 감수해야 했습니다. 그러나 그녀의 주장이 옳았다는 것은 그녀가 요구했던 모든 권리들이 결국 법으로 인정된 점으로 증명됩니다. 그리고 2002년, 역사는 다시 한번 그녀가 양성평등을 이루는 데 기여한 공적을 평가해 주었습니다. 미국의 한 방송채널이 지난 1000년을 빛낸 세계적인 인물 100명을 뽑았는데, 울스턴크래프트는 48위에 선정되어 여성의 권리를 위한 선구자적인 업적을 인정받게 됩니다.

에멀라인 팽크허스트(1858~1928년)
참정권 운동의 어머니

울스턴크래프트가 여성에게도 참정권을 주어야 한다는 주장을 한 이후 100년의 시간이 흘렀지만, 영국 여성들은 여전히 참정권을 얻지 못하고 있을 때입니다. 울스턴크래프트의 주장에 동조하는 수많은 여성들이 남성과 동등한 참정권을 얻기 위해 끊임없이 노력했지만, 남자들은 자신들만 특권을 누리려고 할 뿐 좀처럼 허락할 생각을 하지 않았습니다.

처음 영국에서의 참정권은 세금을 낼 만큼 재산을 가진 중산층 남자들만의 권리였습니다. 그러다가 법이 바뀌면서 도시 노동자들에게도 주어졌고, 이후 다시 농촌 지역 농민에게로 확대되어 모든 남성들이 투표권을 가지게 됩니다. 이렇게 법이 개정될 때마다 여성들은 자신들의 참정권도 인정해 주기를 주장하며 기대를 하고 기다렸습니다. 하지만 이런 기대와는 달리 여성들의 열망은 번번이 무시되었습니다.

시간이 흐르고 사회가 변해도 원하는 참정권을 인정받지 못하게 되자 그동안 꾹 누르며 참아 왔던 여성들의 분노가 마침내 폭발하기 시작했습니다. 완전한 시민으로 인정받지 못하는 것에 울분을 터뜨린 여성들은 조직적으로 운동을 펼쳐 나가야만 참정권을 얻을 수 있을 것이라 생각하고 서로 힘을 합치기로 했습니다. 그들은 참정권 운동에만 몰두하기 위해 1903년 '여성사회정치연합(WSPU)'이라는 단체를 만들었습니다. 이 단체를 만드는 데 누구보다 앞장서고 이끈 지도자가 바로 '에멀라인 팽크허스트'입니다.

여성인권 운동에 앞장서며 이름을 날리던 팽크허스트는 '여성도 법적으로 남성과 동일한 권리를 누려야 한다'는 생각을 하고 있었습니다. 여성도 남성과 같이 동등한 권리를 가질 때 존경받을 수 있다는 것을 잘 알고 있었던 팽크허스트는, 자신들의 주장을 알리고 사람들의 참여를 이끌어내기 위해 이 조직을 만든 것입니다.

팽크허스트는 여성 참정권 운동이 '인류의 절반을 차지하는 여성을 해방시키는 일이므로 이 세상에서 가장 중대한 임무'라고 생각했습니다. 조직을 만든 후 그녀는 두 딸 '크리스터블'과 '실비아'와 함께 여성에게도 참정권이 필요하다는 사실을 알리기 위해 전국을 돌아다녔습니다. 조직을 만들 당시 그녀의 딸들은 겨우 10대 소녀에 불과했지만 어머니를 돕기 위해 온 힘을 합쳤습니다. 나중에는 셋째딸인 '아델라'도 어머니의 일을 돕기 위해 함께 참여했습니다. 이렇게 가족 모두가 운동에 참여하고 앞장서자 사람들은 그녀들을 일러 '참정권 운동 가족'이라고 불렀습니다.

여성사회정치연합(WSPU) 회원들은 자신들의 주장을 알리기 위해 적극적인 활동을 펼쳐 나갔습니다. 사람들이 모이는 곳이면 어디든 찾아가 강연을 하고 시위를 벌였습니다. 또 정부의 장관들이 가는 곳마다 따라다니며 여성 참정권의 필요성을 역설하고 설득했습니다. 이런 노력이 많은 사람들에게 전해져 1908년 런던의 하이드파크 공원에는 50만 명이라는 엄청난 군중이 모여 '여성에게도 참정권을 주어야 한다'는 주장을 하기에 이르렀습니다.

처음 이 단체의 회원들은 평화적인 방법으로 자신들의 주장을 알리고자 했습니다. 그러나 남성들이 이러한 뜻을 무시하고 반응을 보이지 않

에멀라인 팽크허스트
영국의 사회 운동가로 여성 참정권 운동의 상징이었다.

자 점차 과격한 방법으로 나아갔습니다. 단체의 회원들 가운데 일부는 참정권을 얻기 위해서라면 법을 위반하는 일도 서슴지 않았고, 폭력적인 시위도 마다하지 않았습니다. 그렇게 하는 것이 사람들의 관심을 더 많이 끌 수 있고, 자신들의 의지를 보여 주는 데에도 더 효과적이라 생각하여 이런 방법을 선택했던 것입니다.

이들은 법을 만드는 국회의원들에게 자신들의 생각을 전달하기 위해 국회의사당 앞에서 시위를 벌이다가 의사당 안으로 들어가려는 시도도 했습니다. 경비원들이 들어가지 못하게 막자 창문을 깨고 침입하기도 하고, 의회 건물의 문을 부수고 의사당 안으로 들어가기도 했습니다. 지도자인 팽크허스트도 그들과 행동을 같이 하며 외쳤습니다.

"남자들에게서 법을 제정할 권리를 빼앗기 위해서라면 우리는 법을 어길 각오가 되어 있다!"

참정권 운동에 참여한 팽크허스트의 딸들

　어느 해에는 단원들이 런던의 피커딜리 거리에 있는 건물 유리창을 모두 깨뜨리고, 다우닝 가에 있는 건물의 창살이나 문에 자신들의 몸을 쇠사슬로 묶기도 했습니다. 내무부 장관이 일하는 건물에 돌을 던져 창문을 깨뜨리고 전화선을 끊고, 심지어 재무부 장관 집 앞에서는 폭탄을 터뜨리기도 했습니다. 조직의 지도자인 팽크허스트는 정부의 관리들이 자신들의 요구를 들어 주지 않자 분노하여 새총으로 수상의 머리에 돌을 쏘아 맞추기도 했습니다. 이런 과격한 행동을 한 탓에 수많은 여성들이 감옥에 가야 했지만, 그들은 감옥에 가는 것을 조금도 두려워하지 않았습니다.

　특히 지도자인 팽크허스트는 수도 없이 체포되어 어느 해는 무려 12번이나 감옥에 가기도 했습니다. 그녀의 딸 실비아와 함께 체포된 것도 여러 차례였습니다. 조직을 이끌어야 하는 팽크허스트가 너무 자주 체포되자, 그녀를 따르는 조직원들은 팽크허스트를 위해서라면 목숨도 바치

경찰에 체포되는 팽크허스트

겠다며 더 이상 체포되지 않도록 심지어 경찰을 납치하는 일을 벌이기도 했습니다. 이렇게 모든 조직원들이 힘을 합쳐 활약을 벌인 탓에 팽크허스트에게는 '여권운동의 나폴레옹'이라는 이름이 붙었습니다. 그녀의 명성은 외국에까지 알려져 미국에서 그녀에게 여성 참정권을 위한 연설을 해달라고 초청할 정도였습니다.

감옥에 가서도 여성사회정치연합 회원들은 굴복하지 않고 저항을 멈추지 않았습니다. 그 당시 영국의 법은 아픈 여성은 감옥에서 풀어 주도록 되어 있었습니다. 조직원들은 이 법을 이용하여 감옥에서 석방되기 위해 일부러 밥을 굶었습니다. 단식을 하여 건강이 나빠지면 감옥에서 나갈 수 있었기 때문인데, 석방이 되면 다시 운동을 하기 위해 달려갔습니다. 그러자 나중에는 교도관이나 경찰이 강제로 밥을 먹여 회복시킨 다음 다시 구속하기도 했습니다. 그런데 체포된 여성들의 입을 억지로 벌리고 밥을 먹이는 경찰의 모습은 사람들을 더욱 분노하게 만들었고,

여성사회정치연합을 지지하는 사람들의 수는 더 늘어났습니다.

팽크허스트뿐만 아니라 다른 여성들의 노력과 희생도 이어졌습니다. 1913년 '리튼'이라는 여성은 에프슨 경마장에서 여성사회정치연합의 깃발을 몸에 감고 말발굽 아래로 몸을 던져 불구가 되었고, '에밀리 데이비슨'은 더비 경마장에서 여성 참정권을 주장하다가 사망했습니다. 이렇게 많은 여성들이 힘을 합쳐 노력하고 희생을 아끼지 않은 덕택에 1918년 참정권 운동은 마침내 결실을 얻었습니다.

그런데 그 결실은 반쪽짜리였습니다. 남자들은 21세가 되면 누구나 참정권을 갖지만 여자는 30세가 넘어야 선거에 참여할 수 있었기 때문입니다. 이 불완전한 참정권을 바꾸기 위해 여성들은 또다시 운동을 계속해야 했습니다. 그리고 다시 10년의 시간이 흘러 1928년 비로소 여성도 남성과 똑같은 권리를 얻었습니다. 남성들은 1832년 처음 참정권을 받았으니 거의 100년이라는 시간이 걸린 것입니다.

그러나 아쉽게도 팽크허스트는 이 기쁜 일에 함께하지 못했습니다. 남녀 평등한 선거일을 불과 몇 주 앞두고 세상을 달리 했기 때문입니다. 그녀가 죽은 몇 주 뒤, 영국 역사상 처음으로 남녀 모두가 참여하는 평등한 선거가 시행되었습니다.

현재 영국 국회의사당 뜰에는 참정권 운동의 어머니 '에멀라인 팽크허스트'의 동상이 있습니다. 그곳에서 팽커허스트는 100년 전 자신들이 했던 노력이 마침내 결실을 거두어 여성들이 선거에 참여하고, 그들이 뽑은 여성 의원들이 의회에서 벌이는 활약을 지켜보며 서 있습니다.

어머니와 함께 참정권 운동에 참가했던 팽크허스트의 세 딸들은 참정

영국 국회의사당 뒤뜰에 있는 팽크허스트 동상

권을 얻고 난 뒤에도 여성의 권리를 위해 싸웠던 어머니의 고결한 뜻을
지키기 위해 여성해방 운동을 계속 이어 나갔습니다.

수잔 B. 앤서니(1820~1906년)
법의 이름이 되다

　1872년 미국의 뉴욕 주에서 한 여성이 경찰에 체포되었습니다. 체포
된 사람은 '수잔 B. 앤서니'라는 사람으로, 체포 이유는 대통령을 뽑는 선
거에 참여했기 때문이었습니다. 당시 미국에서는 여성은 대통령을 뽑는
선거에 투표할 수 없다는 법이 있었습니다. 법을 어기고 선거에 참여한
사람은 수잔뿐만이 아니었습니다. 그녀의 동생과 언니, 그리고 그녀와

참정권을 위해 목숨을 바친 '에밀리 데이비슨'

여성 참정권 운동이 활활 타오르고 있던 1913년의 어느 날, 영국의 더비 경마장에서 충격적인 일이 벌어졌다. 한 젊은 여성이 경마장 안으로 뛰어들어 영국 국왕 '조지 5세'가 탄 경마의 고삐를 잡으려다 말에 밟혀 죽는 사건이 일어난 것이다. 그 여성의 이름은 에밀리 데이비슨으로 여성사회정치연합의 조직원이었고, 팽크허스트의 열렬한 추종자였다.

더비 경마대회는 영국 최고의 경마들이 참가하는 가장 유명한 대회여서 말들이 달리는 경기장 안으로 뛰어드는 일은 목숨을 걸어야 할 정도로 위험한 일이었다. 그런데도 데이비슨은 참정권을 요구하기 위해 자신의 목숨을 걸고 경마장 안으로 뛰어든 것이다. 말에 치인 데이비슨은 병원으로 옮겨졌지만 머리에 난 상처가 워낙 심해 4일 뒤 안타깝게 사망했다.

한 사람의 목숨을 앗아간 사고인데도 당시 신문들은 정신 나간 여성 참정권 운동가가 경기를 망쳤다는 식으로 보도하고, 데이비슨이 죽었다는 사실보다 왕의 기수가 다친 사실을 더 중요하게 취급했다고 한다. 이런 신문들의 보도 태도는 여성들의 분노를 더욱 끓어오르게 만들어 수많은 여성들이 그녀를 기억하기 위해 장례식에 참석했다. 장례식이 끝나자 참석한 여성들은 그녀의 죽음이 헛되지 않도록 '승리! 승리!'라고 외치며 참정권을 요구하는 시위를 벌였다.

데이비슨의 죽음을 계기로 여성들의 시위는 점점 더 폭력적으로 변해갔다. 그 때문에 런던의 경찰서에는 참정권을 요구하다 체포된 여성들로 넘쳐났다고 한다. 데이비슨의 묘비에는 '말보다는 행동을(Deeds, not words)' 이라고 적혀 있다.

에밀리 데이비슨의 장례식

뜻을 같이하는 다른 여성들도 함께 참여했습니다.

수잔은 비록 법을 어겼다는 이유로 경찰에 체포되었지만, 평소 '노예나 다름없는 여자들을 해방시키기 위해서라면 어떤 법이라도 무시하겠다'는 생각을 가지고 있었기에 구속되는 것쯤은 조금도 두려워하지 않았습니다. 그 다음 해에도 또 그 다음 해에도 수잔은 투표를 하기 위한 시도를 계속했습니다.

수잔이 살던 19세기 미국은 여성들에게는 참정권을 주지 않았습니다. 미국 헌법 조항에는 '인간은 모두 평등하게 태어났다'고 쓰여 있지만, 그것은 말뿐이었고 실제로는 여성을 차별하고 있었습니다. 법이 말하는 평등한 인간이란 여성을 뺀 남성만을 의미하는 것이었습니다. 그래서 수잔은 그것을 바꾸고자 생각했습니다.

완전히 평등한 권리란 여자들도 법을 만드는 데 참여하고, 법을 만드는 사람을 뽑는 선거에 직접 참여할 때 이루어진다.

이런 생각으로 수잔은 비록 법을 어길지라도 잡혀갈 각오를 하고 투표에 참여했던 것입니다. 수잔이 체포되자 평소 그녀와 함께 참정권 운동에 참여했던 친구는 그녀가 감옥에 가지 않도록 보석금을 내주려 했습니다. 하지만 수잔은 그 친구의 권유를 거절하고 감옥행을 택했습니다. 그녀가 감옥에 가기를 고집한 것은 자신이 감옥에 가면 그녀가 투표에 참여한 사실이 신문에 날 것이고, 그 기사를 통해 더 많은 사람들에게 여성 참정권의 필요성을 알릴 수 있을 것이라 생각했기 때문입니다. 그러

수잔 B. 앤서니
미국 '여성운동의 나폴레옹'이라 불리며
여성 참정권 운동을 이끌었다.

나 수잔의 의도와 달리 죄도 없이 감옥에 갇히는 것을 염려한 친구가 대신 보석금을 내주어 결국 석방되었습니다.

감옥에 가지는 않았지만 여성은 투표할 수 없다는 법을 어겼기 때문에 재판은 받아야 했습니다. 재판정에서 판사는 법을 어기고 선거에 참여한 것을 꾸짖고 벌금 100달러와 함께 재판에 들어간 비용을 지불하라고 판결했습니다. 그러자 수잔은 판결이 불공정하기 때문에 벌금을 내지 못하겠다고 판사에게 항의하며 판결을 거부했습니다. 그러고는 법정 밖으로 당당히 걸어 나갔습니다.

수잔이 나가려고 하자 재판정을 지키는 경비원이 그녀를 막으려고 했습니다. 이를 본 판사는 "나는 그녀의 주장이 이루어지는 날이 올 것이 두렵다"며 그냥 두게 했습니다. 판사는 당시의 법에 따라 수잔의 행동을 판결했지만, 그녀의 말이 옳고 언젠가 그녀의 주장대로 여성들도 참정권을 가질 날이 올 것이라 예상되기에 그녀를 제지하지 않고 그냥 나가도록 한 것이었습니다.

감옥에서 석방된 뒤 수잔은 미국 전역을 쉬지 않고 돌아다니며 여성 참정권을 호소하고 설득하는 강연을 했습니다. 수잔은 사람들을 향하여 여성의 참정권을 인정하지 않는 법은 잘못된 것임을 일깨워 주었습니다.

여자도 사람입니까? 사람이기 때문에 시민입니다. 그렇다면 여성에 대한 어떠한 차별도 무효입니다.

미국의 연방정부법에는 '미합중국의 모든 시민에게 투표권이 있다'고 적혀 있습니다. 따라서 미국 시민인 여성 또한 대통령을 뽑을 자격을 가지는 것입니다. 그런 점에서 보자면 여성에게 선거에 참여하지 말라는 것이 오히려 법을 어기는 셈입니다.

수잔이 법을 어기고 체포되는 위험을 무릅쓰면서까지 참정권을 얻어야 한다고 생각한 것은 재산권을 얻기 위한 운동에서 비롯되었습니다. 영국과 마찬가지로 미국에서도 결혼한 여성은 재산을 소유할 수 없었습니다. 결혼한 여성의 재산은 남편에게로 넘어갔습니다. 수잔은 여성도 자기 재산을 소유할 수 있도록 법을 고쳐야 한다고 생각했습니다. 더욱이 수잔은 '여자는 남자의 보호에 의지하지 말고 자신을 보호하는 법을 배워야 한다'는 생각을 가지고 있어서 재산권을 인정받는 것이 얼마나 중요한지를 잘 알고 있었습니다. 재산권이 있을 때 비로소 남성으로부터 독립이 가능합니다.

그래서 그녀는 뜻을 같이하는 사람들과 전국을 돌아다니며 강연하고 의원들을 설득했습니다. 그들은 집집마다 찾아다니며 사람들의 서명을 받아 의회에 탄원서를 냈습니다. 수많은 여성들이 힘을 합쳐 이런 노력을 벌이자 의원들은 결국 법을 바꿀 수밖에 없었습니다. 재산권을 얻은 여성들은 이제 자신이 번 돈이나 부모로부터 상속받은 재산 모두를 스스로 소유하며 직접 관리할 수 있게 되었습니다.

이 일을 하면서 수잔은 재산권도 중요하지만 무엇보다 참정권이 있어야 한다는 사실을 절실히 깨달았습니다. 만약 여성에게도 자신의 대표자를 뽑을 권리가 있었다면 남성 의원들이 그렇게 무시하지 못했을 것입니다.

미국 여성들이 참정권을 얻은 해는 1920년입니다. 수잔이 법을 어기고 체포되면서까지 잘못된 법을 바꾸기 위한 싸움을 했지만, 여성들이 참정권을 얻은 것은 그 후에도 한참이나 지나서입니다. 노예였던 흑인 남성들은 남북전쟁이 끝나고 1870년 헌법이 개정되면서 백인 남성과 동등한 참정권을 얻었습니다. 미국의 헌법은 시대의 변화에 맞추어 그 내용을 조금씩 수정했는데, 남북전쟁 뒤 15번째 법을 수정할 때 흑인 남성들의 참정권을 인정해 주었던 것입니다. 그러나 이때 여성들은 참정권을 얻지 못했습니다. 인종차별이 극심했던 시기였지만 노예 출신인 흑인 남성의 참정권은 인정하면서도 여성의 참정권은 인정하지 않았던 것입니다. 인종차별 못지않게 성차별 또한 심했던 것이 그 이유인데, 참정권을 보면 오히려 인종차별보다 성차별이 더 심했다는 것을 알 수 있습니다.

수잔은 여성의 재산권을 얻기 위해 했던 것처럼 참정권을 얻기 위해 또다시 험난한 길을 가기로 다짐했습니다. 1869년 그녀는 바늘과 실이라고 불릴 정도로 뜻을 같이했던 친구 '엘리자베스 캐디 스탠턴'과 함께 '전국여성참정권협회(NWSA)'를 만들었습니다. 첫 회장은 엘리자베스가 맡고 그 다음 회장은 수잔이 이어 나갔습니다.

　협회 회원들은 군중이 모이는 곳이면 어디든 찾아가 강연을 하고 집회를 가졌고, 정거장마다 찾아다니며 연설을 하고 집집마다 방문하여 사람들을 설득했습니다. 또한 연방정부의 법 개정을 목표로 해마다 의회에 탄원서를 냈습니다. 그러나 이런 노력도 헛되이 이들의 시도는 번번이 실패했습니다. 하지만 수잔과 협회의 회원들은 포기하지 않고 지원을 얻으려 여성들 앞으로 편지를 쓰기 시작했습니다. 그들은 재산권을 얻기 위해 했던 것처럼 다시 한 번 우리 여성의 힘을 보여 주어야 한다며 탄원서에 서명해 줄 것을 호소했습니다.

　사람들을 설득하기 위한 강연도 계속 이어 나갔습니다. 성차별이 심한 시대여서 수잔이 강연을 하면 감히 여자가 앞에 나선다고 비난하는 사람들도 있었고, 심지어 계란을 던지며 방해하는 사람들도 있었습니다. 어떤 도시에서는 수잔을 악마 취급하며 그녀를 본떠 만든 인형을 불태우는 소동을 벌이기도 했습니다. 이런 방해와 박해를 받았지만 수잔을 비롯한 그녀의 친구들은 조금도 굴복하지 않았습니다. 2,000명이나 되는 여성들이 전국을 돌아다닌 끝에 무려 40만 명이 넘는 사람들로부터 서명을 받아냈습니다. 어렵게 얻어낸 이 탄원서를 가지고 수잔과 회원들은 의사당으로 가 의원들에게 전달했습니다.

여성들의 끈질긴 노력을 더 이상 무시할 수 없었던 의원들은 마침내 참정권을 인정하기 시작했습니다. 1890년 와이오밍 주가 가장 먼저 여성의 참정권을 인정했고, 워싱턴주, 캘리포니아주, 오리건주가 그 뒤를 이어 참정권을 인정했습니다. 이렇게 하나하나 주州 법이 여성의 참정권을 인정하자, 1920년 마침내 연방법도 개정되었습니다. 36개의 주가 여성의 참정권에 찬성을 표시하면서 19번째 헌법이 수정되고, 마침내 미국 전역의 여성들이 투표할 권리를 얻게 된 것입니다. 그런데 아쉽게도 수잔은 전체 미국 여성들의 참정권을 인정하는 연방법 개정은 보지 못하고 죽음을 맞이했습니다.

수잔은 세상을 떠났지만 그녀의 뜻을 이어받은 여성들은 연방법 개정을 목표로 참정권 운동을 계속 이어 나갔습니다. 이들은 그 당시 미국 대통령이었던 윌슨 대통령에게 자신들의 의지를 보여 주려 백악관 앞에서 피켓을 들고 시위를 하였습니다.

"대통령님! 여성 참정권을 위해 무엇을 하시겠습니까? 여성은 얼마나 더 자유를 기다려야 합니까?"

그들은 밤을 되어도 그 자리를 떠나지 않고 시위를 계속했습니다. 어떤 여성들은 백악관 철책에 사슬로 자신의 몸을 묶고 참정권을 달라고 외치기도 했습니다. 시위에 참여하지 못하는 여성들은 돈을 모아 운동을 계속할 수 있도록 도왔습니다. 정당들이 전당대회를 할 때에는 전국에서 무려 1만 명이나 되는 여성들이 달려와, 밤새 폭포처럼 쏟아지는 비를 맞으면서도 꼼짝 않고 그 자리에 서서 참정권을 요구해 정치인들의 간담을 서늘하게 만들었습니다. 이런 여성들의 열정을 더 이상 무시

백악관 앞에서 참정권을 얻기 위해 시위하는 여성들

하기 어려웠던 의원들은 마침내 그 주장을 받아들이고 연방법을 개정하여 여성들 또한 참정권을 인정받게 된 것입니다.

수잔이 참정권 운동을 앞장서서 이끌었지만 수잔 혼자만의 수고와 노력으로 참정권을 얻은 것은 아닙니다. 참정권을 얻기까지 수많은 여성들이 서로를 격려하고 지지하며 함께 어려움을 이겨냈기에 가능했던 것입니다. 하지만 이 법이 만들어지기까지 수잔이 가장 큰 공헌을 했기에 미국 사람들은 여성의 참정권을 보장하는 법 조항을 '수잔 B. 앤서니 조항'이라고 부르며 그녀가 한 일을 기념하고 있습니다. 그리고 1979년 미국 정부는 수잔의 초상을 새겨 넣은 주화를 만들어 그녀의 공적을 다시 한 번 기렸습니다.

세네카 폴즈 선언

　1848년 미국의 뉴욕주 세네카 폴즈에서 세계 역사상 처음으로 '여성권리 대회'가 개최되었다. 엘리자베스 캐디 스탠턴, 수잔 B. 앤서니, 루크레티아 모트 등이 중심이 되어 주최한 이 대회에서 남녀평등, 투표권, 교육과 직업에서의 기회균등 등 여성의 권리를 위한 12개 결의사항을 담은 '세네카 폴즈 선언'이 채택되었다. 12개 가운데 11개는 만장일치로 통과되었지만 여성의 투표권을 요구한 9번째 사항은 '너무 위험하다'는 이유로 참가자들이 강하게 반대하는 바람에 처음에는 통과되지 못했다. 그러나 캐디 스탠턴이 통과를 강력히 주장하여 결국 선언문에 포함되었고, 이 선언은 이후 미국 여성 참정권 운동의 주춧돌이 되었다.

　오바마 미국 대통령이 한 연설에서 이 선언에 대해 말한 적이 있을 정도로 이 대회는 미국의 여성권리 운동 역사에서 중요한 사건이다. 이 대회에 참가한 여자들 가운데 당시 19살이었던 재봉사 출신의 샬롯 우드워드만이 살아남아 1920년 여자들이 최초로 참여한 대통령 선거에서 투표권을 행사하였다. 미국 국회 의사당에는 역사적인 대회를 개최한 주역인 엘리자베스 캐디 스탠턴, 수전 B. 앤서니, 루크레티아 모트의 얼굴을 조각한 기념물이 전시되어 있다.

3장

우리역사 속
여성인물 만나기

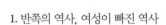

1

반쪽의 역사, 여성이 빠진 역사

그때 그 자리엔 여성도 함께 있었다

'역사'를 영어로 어떻게 쓰는지 잘 알고 있을 것입니다. 예, 바로 'History'입니다. 이 단어를 두고 어떤 역사학자들은 남성을 의미하는 His와 이야기를 뜻하는 Story가 합쳐져서 만들어진 단어, His+Story라고 풀이하며 '남성의 역사'라고 해석하기도 합니다. 인류의 지난 발자취를 기록하는 역사가 남성과 여성을 모두 포함하는 공동의 역사가 아니라 남성만의 역사라는 것입니다. 실제로 지금까지의 많은 역사 기록이 성별에 상관없이 중립적인 입장에서 기록한 것이 아니라, 남성이 한 일을 중심으로 기록해 왔습니다.

인류의 역사가 시작된 이래 여성은 남성과 함께 역사를 만들어 왔습니다. 여성들 또한 남성과 마찬가지로 새로운 시대를 여는 일에 함께 참여해 왔습니다. 여성들은 남성을 도와주는 보조적인 역할을 한 것이 아니라 남성과 함께 역사를 만들었고, 그 중심에 함께 있었습니다. 그렇지만 지금까지의 많은 역사 기록은 여성이 한 일은 빼먹거나 축소하였습니다. 남성의 역사History에서 여성들이 한 활동과 일은 기록에서 제외되거나 낮은 평가를 받았던 것입니다.

예를 들어 아주 오래전 우리 인류가 채집과 사냥에 의존해 살 때, 여성들이 찾아낸 곡식이나 열매가 인류의 생존에 더 중요한 역할을 했다고 합니다. 당시에 살았던 사람들의 뼈 구성 성분을 조사하면 이런 점이 드러나는데, 남자가 식량의 20%를 구했다면 여자는 80%나 구했다고 합니다. 하지만 역사는 남성들이 한 사냥에 비해 여성들의 채집활동을 더 낮게 평가하였습니다.

남성들이 주로 담당한 사냥은 불규칙하고, 어떤 경우에는 실패할 수도 있어 안정적인 식량공급원이 되지 못했습니다. 그러나 주변에 있는 과일이나 곡식을 채취하는 여성들의 채집활동은 언제든 가능한 것이어서 안정적이었고, 따라서 부족의 생존에 훨씬 더 중요한 식량공급원의 역할을 했던 것입니다. 그런데도 역사는 남성들이 한 사냥이 인류의 생존에 더 중요한 식량원이었던 것처럼 기록해 왔습니다. 이런 사실은 여전히 수렵·채집 생활을 하는 부족에 대한 최근의 관찰 연구에서도 확인할 수 있습니다. 25~30개 정도 부족들의 생활을 보면 여자들이 부족원 식량의 3분의 2를 충당한다고 합니다.

이렇게 역사가 남성이 한 일을 더 중요한 것처럼 기록해 왔기 때문에, '메리 비어드'라는 역사학자는 "여성이 참여한 사실을 무시하거나 중요하지 않다고 취급한 역사 기록은 잘못된 것"이라며 남성 중심의 역사 기술에 대해 비판합니다. 오랫동안 여성의 역사를 연구해온 '조안 스콧'이라는 역사학자 또한 "여성의 역사를 새롭게 발굴하여 그에 대해 써야 한다"고 주장하며 그동안 남성의 활동을 중심으로 한 역사를 고쳐 써야 한다고 강조하고 있습니다.

역사적으로 중요한 사건이 일어날 때마다 여성은 남성과 함께 그 자리에 있었습니다. 여성은 남성이 하는 일을 옆에서 지켜보기만 한 것이 아니라 적극적으로 참여했습니다. 그리고 어떤 상황에서는 오히려 여성이 더 앞장서 이끌기도 했습니다. 프랑스에서는 국왕에 대항하여 일으킨 혁명에 여성들이 더 적극적인 역할을 했다고 합니다. 여성들이 먼저 북을 치면서 관리들과 수비대에 맞서며 구경하는 남자들의 옷소매를 잡아끌어 시위대에 합류하게 만들 정도였으니까요. 1789년 '프랑스 대혁명'이 일어났을 때 여자들이 남자들보다 더 앞장섰던 사실은 널리 알려져 있습니다. 여자들이 먼저 똘똘 뭉쳐 베르사유 궁전으로 쳐들어가자 한참 지난 오후에야 남자들로 조직된 국민방위군이 뒤따라와서 왕을 몰아냈습니다. 무기고를 습격할 때에도 여성들은 함께 무기를 빼앗아 남자들에게 나눠 주기도 했습니다.

여성들이 앞장서서 시위를 이끌어 이룩한 혁명이지만, 혁명이 성공하자 여자들은 그 공로를 인정받지 못하고 뒤로 밀려났습니다. 혁명에 참여했던 여성들은 자신들도 남성들과 마찬가지로 새로운 국가를 세우는 일에 참여하기를 원했습니다. 그래서 여자들만의 정치클럽을 만들고 활발히 정치토론을 하였습니다. 프랑스 혁명 직후에는 전국에 여성정치클

프랑스 혁명 당시 시위에 앞장선 여성들의 모습

럽이 30개 정도가 만들어져 활발히 활동하였다고 합니다. 그러자 남성들은 그런 여성들을 비난하며 아래와 같은 말로 정치에 참여하지 못하도록 가로막았습니다.

여성이 가정과 아이들의 요람을 돌보는 소중한 임무를 내팽개치고 정치에 참여하는 것은 잘못된 일이다.

그러면 남성들은 어땠을까요? 물론 남성들은 자유롭게 정치에 참여할 수 있는 권한을 가졌습니다.

우리 역사에도 중요한 시기마다 여성들이 함께 했습니다. 임진왜란 3대 대첩으로 유명한 행주산성 싸움에서는 여성들도 같이 참여하여 옷을 찢어 행주치마를 만들고 돌을 날랐습니다. 행주산성에서는 매년 그

날의 전투를 기념하는 행사를 합니다. 그러나 이 행사에 여성들의 이야기는 중요한 사실로 다뤄지지 않습니다. 그곳에서 여성들이 벌인 활약은 '행주치마'라는 이름으로만 남아 있습니다.

조선시대 말기 관리들의 부정부패에 맞서 일어난 '동학농민전쟁'이 전국을 휩쓸었을 때에도 여성들 또한 남성들과 함께했습니다. 여성들은 한 손에는 주먹밥을 들고, 한 손에는 돌멩이를 들고서 관군과 당당하게 맞섰습니다. 농민운동에 참가한 여성들 가운데는 일부러 관군에게 잡혀가 밥을 해주며 중요한 군사 정보를 빼내 농민군에게 전한 사람도 있습니다. 또 어떤 여성은 대포에 물을 집어넣어 고장 나게 만들어 농민군을 도왔습니다. 농민군에 참여한 여성들 중에 이소사˙라는 사람은 자신이 직접 두령이 되어 말을 타고 선두에서 싸움을 지휘하기도 했습니다. 그 때문에 '신녀'라고까지 불리며 사람들의 존경을 한 몸에 받았다고 합니다. 이와 같이 여성들이 한 활약이 적지 않지만 이런 여성들의 활동은 특별히 관심을 가지고 찾지 않으면 알 수가 없습니다.

역사란 과거에 일어난 일을 기록하고 해석하는 것입니다. 그런데 지금까지 인류의 역사는 그 절반을 차지하는 여성들의 과거와 활동을 빠뜨리거나 축소하여 기록했습니다. 그래서 어떤 역사학자들은 역사가 인류 절반의 관점, 즉 남성의 관점에 기초하기 때문에 '부분적인 기록일 뿐'이라고 비판하기도 합니다. 인류의 또 다른 반쪽을 차지하는 여성의 관점을 빼먹고 기록한 것이기에 '온전한 역사'가 아니라 '반쪽의 역사'라는

˙ 소사 _ 남편을 잃은 여성을 부르는 말이다.

것입니다.

이렇듯 지금까지 역사가 남성의 관점에서 남성의 활동을 중심으로 기록해 왔다면, 이제 온전한 역사를 위해 그동안 묻힌 여성의 역사를 발굴하고 다시 기록해야 합니다. 여성의 이야기를 찾아 빈 공간을 메우고 채워 넣을 때 잃어버린 반쪽의 역사가 완성되고, 비로소 진정한 의미의 온전한 역사가 되지 않을까요?

사라진 우리 민족 최초의 국모 '소서노'

고구려를 건국한 동명성왕의 이야기를 다룬 드라마나 영화는 여러 차례 제작되었습니다. 그 중 2007년에 제작된 텔레비전 드라마 〈주몽〉은 국민드라마라고 불릴 정도로 많은 인기를 끌었습니다. 여기서는 부여의 왕자이지만 서자라는 신분 때문에 이복형제들에게 생명의 위협을 받던 주몽이, 고국을 도망쳐 나와 수많은 어려움을 이겨내고 고구려를 세우기까지의 과정과 모험을 다뤘습니다. 그런데 이 드라마를 통해 많은 시청자들은 '소서노'라는 뜻밖의 인물을 알게 되었습니다.

소서노는 누구이며 또 어떤 사람일까요? 드라마를 통해 알 수 있었던 것처럼 소서노는 주몽을 도와 고구려를 세우는 데 아주 중요한 역할을 한 여자입니다. 주몽이 동부여를 도망쳐 나와 처음 졸본 부여에 도착했을 때, 그는 5가지 곡식과 뜻을 같이하는 오이, 마리, 협보 등 세 명의 친구 외에는 아무것도 가진 것이 없었습니다. 그런 주몽이 계루부의 여군장인 소서노와 결혼을 하였고, 이를 바탕으로 고구려 건국의 기틀을 마련할 수 있었던 것이지요. 만약 소서노의 도움이 없었더라면 과연 주몽이 고구려를 세울 수 있었을까요? 흔히 역사에서 가정은 없다고 합니다. 그러나 만약 주몽이 소서노와 만나지 못했더라면 그가 아무리 뛰어난 능력을 가졌다고 할지라도 고구려를 세우는 일은 아마 불가능했을지도 모릅니다.

소서노는 고구려의 건국뿐 아니라 백제를 건국하는 데도 아주 중요한 일을 합니다. 주몽은 소서노와 결혼하기 전에 부여에서 예씨 부인과 먼저 결혼을 했습니다. 그 사이에 태어난 유리 왕자가 고구려가 건국된 후 아버지 주몽을 찾아오고 왕위를 계승할 후계자로 결정되자, 소서노는 남편 주몽의 선택에 몹시 실망합니다. 자신은 물론, 비록 주몽의 친아들은 아니지만 두 아들 온조와 비류는 고구려를 세우는 데 혼신의 힘을 다해 협력했습니다. 그럼에도 그 공을 인정받지 못하고 왕위 계승에서 밀려나자 실망한 소서노는 두 아들을 데리고 새로운 나라를 세우기 위해 미련 없이 고구려를 떠납니다.

아들과 자신을 따르는 사람들을 데리고 남쪽으로 내려온 소서노는 오늘날의 서울 근처인 하남 위례성에 자리를 잡고 새 나라 백제를 건국합니다. 고구려를 세울 때처럼 백제를 창업할 때에도 소서노는 아들을 도와 나라를 세우고 국가의 기틀을 잡는 데 지원을 아끼지 않았습니다. 그래서 온조왕은 어머니 소서노를 정신적 지주로 여기며 어머니가 죽자 나라 어머니의 묘라는 의미의 '국모묘'를 세우고 '지모신_{땅의 어머 신}'으로 모시며 기념했습니다.

이렇듯 소서노는 고구려와 백제, 두 나라를 세우는 데 결정적인 역할을 했습니다. 한 나라도 아니고 두 나라의 건국에 참여하여 중요한 역할을 했던 사람은 세계 역사상 그 유례를 찾아보기 힘듭니다. 더욱이 여자로서 이와 같은 일을 한 사람은 더 찾기 힘듭니다. 우리나라 역사뿐만 아니라 세계적으로도 찾기 힘든 일을 했지만 드라마 〈주몽〉을 보기 전까지 우리 대부분은 소서노의 존재나 업적에 대해 잘 알지 못했습니다. 역사학자 신채호 선생이 '우리 민족 최초의 국모'라고 평가한 그녀를 그동안 우리가 알지 못했던 이유는 무엇일까요? 그 이유는 역사가 소서노를 기록에서 제외했기 때문입니다.

그러면 소서노는 왜 역사에서 사라졌을까요? 소서노가 역사 속에서 사라진 것은 다름 아닌 여자라는 이유 때문입니다. 여자라는 이유로 찬란한 업적에도 불구하고 역사 속에 기록되지 못한 것입니다. 우리 조상들이 남긴 역사서 가운데 삼국유사를 제외한 대부분의 역사서들은 유교적 입장에서 쓴 것입니다. 남존여비의 유교적 관점에서 보면 여성이 정치에 참여하고 활동하는 것은 잘못된 행동입니다. 여성은 남성의 지휘를 받거나 뒤에서 보조적인 역할을 하는 것이 옳다고 생각하는데, 소서노는 여자이지만 군장으로서 권력을 잡고 새로운 왕조를 세우는 데 남자들보다 더 적극적인 역할을 했습니다. 이런 소서노의 행동은 여성이 지켜야 하는 유교적 도리에 어긋난 것이었습니다. 그래서 많은 역사서들은 의도적으로 기록하지 않거나 숨겼고, 소서노가 한 일은 역사에서 사라질 수밖에 없었던 것입니다.

2

자신의 역사를 갖지 못한 여성들

여성의 역사, 왜 '여성사'가 중요한가

여성들이 과거에 무엇을 하고 어떤 일을 했는지 역사 속에서 다시 불러내고 해석하는 '여성사 Herstory'는 아주 중요합니다. 특히 자라나는 여학생들이 과거 어머니, 할머니로 이어지는 여성의 역사 속에서 여성들이 어떤 일을 하고 어떤 역할을 했는지 알게 되면 긍정적인 정체성을 형성할 수 있기 때문에 더 그렇습니다. 실제로 미국의 한 대학에서 오랜 기간 여성사를 가르쳐온 '거다 러너'라는 역사학자에 따르면, 인류의 역사 과정에서 여성들이 얼마나 많은 공헌을 했는지 여학생들이 배우고 나면 여성이라는 사실을 자랑스럽게 생각하고 자긍심을 가지고 자신의 삶을 새롭게 바라본다고 합니다. 학생들이 보이는 이런 변화를 보고, 러너는 여성이 여성의 역사를 아는 것이 얼마나 중요한가를 알게 되었다며, 여성의 역사를 찾고 배워야 한다는 사실을 강조합니다.

그러면 여성사를 생각할 때 중요한 점은 어떤 것이 있을까요? 먼저 역사 속에서 여성이 한 일을 찾아내어 역사를 완전하게 만드는 일을 해야 합니다. 또한 역사적인 여성 인물들의 발자취를 재조명하고 기록하는 일도 필요합니다. 남성 인물에 가려 기록되지 못했던 여성 인물을 발굴하여 되살리는 일은 매우 중요한 의의를 가집니다. 여성 인물은 자라나는 미래의 여성들에게 역할 모델이 되고, 여성에 대한 생각을 바꿀 수 있는 실마리가 되기 때문입니다. 그래서 숨겨져 있는 그들을 불러내고 그들의 업적을 복원하는 일이 필요한 것입니다. 최근 각 분야마다 여성 인물을 찾아내어 새롭게 복원하려는 노력이 활발하게 이루어지고 있는 것도 바로 그 때문입니다.

우리 역사 속에는 남성 못지않게 많은 여성들이 뛰어난 업적을 남겼습니다. 신사임당이나 유관순과 같이 잘 알려진 여성들도 있지만, 아직 널리 알려지지는 않았지만 훌륭한 업적을 남긴 많은 여성들이 있습니다.

제후국의 위치로 떨어진 고려를 황제국으로 되돌린 천추태후, 조선시대 가뭄과 흉년이 들어 제주도에 사는 사람들이 굶어 죽을 지경에 이르자 자신의 전 재산을 털어 사람들을 구한 김만덕, 여성도 자립할 수 있어야 한다며 '부인상점'을 열고 장사한 돈으로 학생들을 위해 장학금을 내놓은 이준 열사의 부인 이일정, 성차별에 맞서 여성해방을 위해 싸웠던 나혜석과 김원주, 일제 강점기 평양경찰서에 폭탄을 던진 항일투사 안경신, 윤봉길 의사가 검문당하지 않도록 홍커우 공원까지 동행했던 독

나혜석 자화상

립운동가 이화림, 큰 인기를 얻은 영화 〈암살〉의 실제 인물인 남자현 열사 등 수없이 많은 여성들이 있습니다. 이들은 여성을 차별하는 시대의 벽을 넘어 커다란 업적을 남겼습니다. 그럼 이제 그 여성들을 가까이 만나 볼까요?

3

우리 역사 속 여성 인물 만나기

여성 의병장 윤희순(1860~1935년)

나라 일을 먼저 생각한 새색시

독립운동을 하기 위해 먼저 만주로 떠난 시아버지를 찾아 일본군들이 집으로 들이닥쳤습니다. 한 발 늦은 것을 안 일본군들은 시아버지를 잡기 위해 아들의 목숨을 두고 윤희순을 협박하기 시작했습니다.

"시아버지가 어디 있는지 말해. 어서 있는 곳을 말하란 말이야. 말하지 않으면 네 아들을 죽여 버리겠다. 빨리 말해! 말하라니까."

이미 아들 돈상의 몸은 모진 고문을 받아 피멍으로 가득했습니다. 고통스러워하는 아들을 바라보는 윤희순의 마음은 갈가리 찢어질 듯 아팠지만 두 주먹을 꽉 쥐고 아들의 시선을 억지로 외면했습니다.

피를 흘리며 괴로워하는 아들의 모습을 볼 때마다 시아버지가 계신 곳

춘천 시립도서관에 있는 윤희순 동상

을 말해 버리고 싶은 생각이 솟기도 했습니다. 그러나 윤희순은 이를 꼭 깨물며 그 유혹을 참아냈습니다. 그러고는 일본군의 위협에 맞서 단호하게 외쳤습니다.

"설령 아버님이 계신 곳을 안다고 해도 절대 말할 수 없다. 자식이 죽고 또 내가 죽을지언정 결코 나라와 겨레의 광복을 위해 큰일하시는 아버님을 돌아가시게 할 수는 없다."

서릿발 같은 윤희순의 기개를 보고 일본군들이 오히려 놀라 굴복하고 말았습니다. 그녀의 애국심에 감동한 일본군들은 아들을 풀어 주고 돌아갔습니다.

35살이라는 늦은 나이에 얻은 귀한 아들의 목숨까지 포기할 정도로 나

랏일을 먼저 생각했던 여자 의병장 윤희순은 조선시대 말 양반가 윤익상의 딸로 태어났습니다. 그 당시에는 양반가의 딸이라면 온순한 태도로 집안일을 잘하는 것이 가장 중요한 덕목이라 여겼습니다. 그러나 윤희순은 어려서부터 남달리 활달하고 씩씩한 성품을 지녀 훗날 우리나라 최초의 여성 의병장이 될 재목임을 일찍이 보였다고 합니다.

16세가 되자 윤희순은 조혼하던 당시의 풍습에 따라 강원도 춘천 남면으로 시집을 갔습니다. 혼례를 치른 뒤, 어린 새색시는 신혼의 단꿈을 맛볼 사이도 없이 공부를 하기 위해 집을 떠난 남편을 대신해 낯선 시집에서 시아버지를 모시고 시집살이를 시작했습니다.

윤희순이 시집살이를 할 당시 조선은 외세의 침입으로 나라가 몹시 어지러웠습니다. 1895년 조선을 장악하기 위해 호시탐탐 틈을 노리던 일본은 고종의 비인 명성황후가 방해가 되자 깡패를 보내 무참히 살해했습니다. 나라의 어머니인 명성황후가 일본의 칼잡이에게 죽임을 당하자 울분을 참지 못한 백성들이 들고 일어나기 시작했습니다. 전국 방방곡곡마다 의병이 모여들었고 윤희순의 시아버지 유홍석도 의병으로 출정했습니다.

시아버지가 의병으로 나가자 윤희순은 자기도 같이 의병이 되겠다며 데려가 달라고 간청했습니다. 그러나 자신이 없는 집안을 보살피라고 만류하는 시아버지의 간곡한 부탁으로 처음에는 뜻을 접어야 했습니다. 비록 의병으로 출정하지는 못하였지만, 윤희순은 나라를 위한 일에 함께해야 한다는 뜻을 포기할 수 없었습니다. 그래서 마을 뒷산에 단을 쌓고 시아버지가 무사하기를 기도하면서 의병들을 도울 수 있는 일을 찾았습니다.

그녀는 군량미를 모아 굶주린 의병들에게 밥을 해주고, 빨래도 하며 뒷바라지를 했습니다. 그리고 마을 사람들에게 일제의 앞잡이 노릇을 하지 말라는 설득을 하고 다녔습니다. 그녀가 얼마나 열성적으로 의병들의 뒤를 도왔던지 집안사람들 모두 혀를 내두를 정도였습니다. 심지어는 '실성했다'는 말을 듣기도 하고, '저 죽을 줄 모르고 충효에만 정신이 들었다'는 말을 듣기도 했습니다.

윤희순뿐만 아니라 온 백성이 힘을 다해 일본의 침략에 맞서 나라를 지키고자 저항했지만, 그런 노력도 헛되이 1905년에는 일본에게 외교권을 빼앗기는 을사늑약이 체결되고 말았습니다.

그러자 또다시 전국에서 의병들이 일어났습니다. 윤희순의 시아버지 또한 이번에도 가만히 있을 수 없다며 의병으로 출정했습니다. 지난번에는 시아버지의 만류로 참가하지 못했지만 이번에는 윤희순도 순순히 포기하지 않았습니다. 양반가의 여자라는 굴레를 떨치고 시아버지를 돕는 것은 물론이고, 군자금을 모아 그 돈으로 화약과 탄약을 만들어 의병들에게 가져다주었습니다. 나중에는 30여 명의 집안사람들을 모아 여성 의병단을 조직하기도 했습니다. 그러고는 '안사람 의병가'라는 노래를 직접 만들어 부르게 하며 가평의 여우골에서 군사훈련을 시키기도 했습니다. 우리나라 역사상 처음 여성만으로 조직된 '여성의병단'이 탄생한 것입니다.

만주의 '가족 부대'

수많은 의병들이 우리나라에서 일본을 몰아내기 위해 갖은 노력을 다했지만 결국 뜻을 이루지 못하고, 1910년 조선은 주권을 잃고 일본에 강제로 합병되었습니다. 나라를 빼앗기자 윤희순의 시아버지는 일본의 통치를 받고 살 수 없다며 자결을 하려고 했습니다. 그러자 윤희순의 남편 유제원은 끝까지 포기하지 말고 나라를 찾는 운동을 해야 한다며 함께 중국으로 망명하자고 가족을 설득했습니다. 윤희순의 가족들은 후일을 도모하자는 남편의 의견에 따라 1911년 집안 재산을 정리하여 모두 중국으로 망명길에 올랐습니다.

중국에 도착한 뒤 윤희순의 가족은 함께 살 수가 없어 서로 뿔뿔이 흩어져 살아야 했습니다. 그렇지만 가족 모두 독립운동에 참여하여 '가족 부대'라는 이름을 얻었습니다. 고국에서도 그랬듯이 중국 만주에서도 윤희순의 독립을 향한 정신은 꺾이지 않았습니다. 중국 사람들에게 일본에 대적하기 위해 우리 조선 사람들은 목숨을 내놓을 것이니 대신 식량과 살 곳을 마련해 달라고 설득하여 독립활동을 도왔습니다. 망명한 이듬해에는 운영자금을 모금하여 학생들의 항일정신을 기르기 위한 '노학당'을 세우고, 직접 교장이 되어 독립정신을 고취하는 교육을 시키기도 했습니다.

이렇듯 윤희순의 온 가족은 힘든 고난을 감수하면서도 조국의 독립을 위한 활동에 힘을 다해 참여했습니다. 그런데 만주로 간 지 2년 만에 안타깝게도 시아버지 유홍석이 일본군에게 체포되고 말았습니다. 일본군에게 붙잡힌 시아버지는 혹독한 고문을 당하며 고초를 겪다 끝내 이기지 못하고 그만 억울한 죽음을 맞고 말았습니다. 그리고 얼마 지나지 않아 시아버지의 억울한 죽음을 채 잊기도 전에 이번에는 남편이 일본군에게 체포되고 말았습니다. 남편 유제원 역시 독립운동에 앞장섰던 까닭에 말할 수 없이 심한 고문에 시달려야 했습니다. 잔혹한 고문에 시달리던 남편은 힘을 다해 버텼지만 아버지의 뒤를 따르고 말았습니다.

시아버지에 이어 연이어 남편까지 잃는 시련과 고통을 겪었지만 나라를 되찾으려는 윤희순의 의지는 조금도 꺾이지 않았습니다. 오히려 그녀의 의지는 더욱더 불타올랐고 단단해졌습니다. 손수 시아버지와 남편의 장례를 치른 윤희순은 슬픔을 딛고 일어나 두 아들과 함께 독립운동을 계속해 나갔습니다. 지금까지 해왔던 것처럼 군자금을 모아 독립군을 돕고, 일본군을 습격하여 독립군을 구출해 냈습니다. 강제로 일본군에 끌려간 우리나라 사람들을 빼내 독립군으로 만들기도 했습니다.

이런 활약으로 윤희순은 독립군의 정신적 지주와 같은 중요한 존재가 되었습니다. 그러자 일본군은 그녀와 그녀의 가족들을 잡으려고 혈안이 되어 뒤를 쫓았고, 끝내는 큰아들 유돈상까지 일본군에게 체포되고 말았습니다. 유돈상은 모진 고문을 당하면서도 할아버지와 아버지를 죽인 일본군들에게 굴복하지 않으려 맞섰습니다. 그러나 유돈상 또한 혹독한 고문을 이기지 못하고 아버지와 같은 운명을 당하고 말았습니다. 고문을 견디지 못해 세상을 떠난 것입니다.

시아버지와 남편 그리고 아들까지 일본군에 의해 잃게 되자 평생을 독립을 향한 의지 하나로 버티던 윤희순도 그만 약해지기 시작했습니다. 아들의 죽음 앞에 슬픔을 이기지 못한 윤희순은 스스로 죽기를 작정하고 음식 먹는 것을 거부하기 시작했습니다. 사람들이 눈물로 만류하고 설득했지만 이미 죽음을 각오한 윤희순에게 이들의 호소는 아무런 소용이 없었습니다. 그렇게 곡기를 끊은 지 11일째 되던 날, 윤희순은 먼저 간 가족의 곁으로 떠났습니다. 조국의 독립을 위해 온 가족이 혼신의 힘을 다해 싸웠지만 그토록 소망하던 조국의 독립을 보지 못한 채 저 멀리 이국땅에서 한 많은 생을 마감한 것입니다. 죽음을 선택했던 윤희순은 자손들에게 자신의 일생을 담은 '일생록'을 남겨 유언을 대신했습니다.

윤희순이 보여준 활약상은 시대를 초월한 것입니다. 여성은 사회활동은커녕 대문 밖을 나가는 것조차 어려웠던 시기에 '나라를 위한 일에는 남녀가 다르지 않다'며 양반가의 체통과 체면을 과감하게 버린 그녀의 희생과 열정은 우리 5,000년 역사의 어느 인물과 비교해도 손색이 없습니다.

그녀의 유해는 광복이 된 후에도 오랫동안 돌아오지 못한 채 이국땅에 묻혀 있다 1994년 뒤늦게 송환되어 춘천 남면에 안장되었습니다. 늦었지만 정부는 2008년 9월 윤희순을 이달의 독립운동가로 선정하여 그 공적을 기렸습니다.

윤희순이 여성의병단을 훈련시킬 때 지어 부른 의병가와 왜장에게 보낸 경고문을 한번 볼까요. 윤희순이 남긴 노래와 글을 살펴보면 그녀의 기상이 아직도 살아 있는 듯 숨 쉬고 있음을 느끼게 될 것입니다.

윤희순의 《의병가사집》

안사람 의병가

아무리 왜놈들이 강성한들

우리들도 뭉쳐지면 왜놈 잡기 쉬울세라.

아무리 여자인들 나라 사랑 모를쏘냐.

아무리 남녀가 유별한들 나라 없이 소용 있나.

우리도 의병 하러 나가보세.

의병대를 도와주세.

금수에게 붙잡히면 왜놈 시정 받들쏘냐.

우리 의병 도와주세.

우리나라 성공하면 우리나라 만세로다.

우리 안사람 만만세로다.

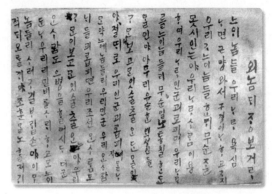
윤희순이 일본 장수에게 보낸 경고문

일본 장수에게 보낸 경고문

왜놈대장 보거라!
우리 임금, 우리 안사람네들 괴롭히면
우리 조선 안사람도 가만히 보고만 있을 줄 아느냐.
우리 안사람도 의병을 할 것이다.
……순순히 좋은 말 할 때 물러가라.

여성 성리학자 임윤지당 (1721~1793년)

태임과 태사를 합친 인물 '윤지당'

"내 동생은 중국의 태임이나 태사와 같은 사람이다. 정자의 딸조차도 내 동생과는 비교할 수 없을 정도이다."

임성주는 자랑스럽게 말했습니다. 주나라의 문왕은 중국 역사에서 가장 현명하고 훌륭한 요임금과 순임금에 비교되는 성군이어서 중국 사람들은 그를 길러낸 어머니 태임과 왕비 태사를 매우 공경합니다. 임성주는 그런 인물과 견줄 정도로 동생 임윤지당의 실력을 높이 평가하며 자랑스러워했습니다.

우리 역사를 보면 그 수가 많지는 않지만 허난설헌이나 황진이 등과 같이 문학적 재능을 떨친 여성들을 더러 찾을 수 있습니다. 그런데 윤지당은 문학적 재능뿐만 아니라 당시 남성의 전유물이었던 성리학을 공부하고 그에 관한 글을 남긴 '여성철학자'라는 점에서 여느 여성들과 구별됩니다.

조선시대에는 남성들만이 교육을 받고 학문을 할 수 있었습니다. 학문은 남성의 영역이어서 여성이 정식으로 학문을 하는 일은 금지되어 있었습니다. 여자는 집안일을 잘하고 현모양처가 되기 위한 품성을 기르는 데 힘써야지 그 밖의 일에 신경을 쓰거나 관심을 가져서는 안 되었습니다. 그래서 드러내 놓고 글을 읽거나 시를 쓰는 일을 할 수 없었습니다. 유명한 실학자 이익의 글을 보면, "글 읽기는 대장부 즉 남자의 일이고, 여자는 여자의 도리를 다하는 것에 힘을 써야 한다. 여자가 글을 읽는 것은 본분에 어긋나는 것이다."라며 여자가 학문을 하는 것은 잘못된 일이라 지적하는 것을 볼 수 있습니다. 당시 여성들에게는 속된 말이라는 뜻의 언문을 배우는 것만 허용되었습니다. 이러한 시대에 남자들만이 할 수 있는 학문인 성리학을 공부하여 자신의 저술을 남긴 여성이 임윤지당입니다.

윤지당은 함흥판관을 지낸 임적의 딸로 태어났습니다. 어릴 때부터 성품이 침착하고 총명했던 윤지당은 유달리 글을 읽고 공부하는 것을 좋아했다고 합니다. 어린 시절 윤지당은 양반가의 다른 여자 아이들과 마찬가지로 언문인 한글로 된 여성교훈서를 읽으며 여성이 갖추어야 하는 덕목에 대한 교육을 받았습니다. 그런데 윤지당의 아버지 임적의 교육에는 남달랐던 점이 있었습니다. 여성이 지켜야 할 규범과 덕목을 적은 ≪내훈≫이나 ≪열녀전≫ 그리고 ≪삼강행실도≫와 같은 책을 읽도록 하는 한편, 옛 교훈서를 모아 직접 ≪규범 1편≫이라는 책을 만들어 한글로 번역한 다음, 윤지당을 비롯한 집안의 여성들에게 교육을 시켰던 것입니다.

윤지당의 총명함은 어릴 때부터 그 싹을 보였다고 합니다. 어찌나 영특했던지 오빠와 동생들이 유교 경전을 읽는 것을 어깨 너머로만 듣고도 그 내용을 익히고 깨치는 것이었습니다. 이를 본 아버지와 오빠들은 윤지당이 비범한 재능을 가지고 있음을 알고 ≪효경≫, ≪열녀전≫, ≪소학≫ 이외에 여자들은 읽을 수 없는 유교 경전이나 역사책을 읽도록 해주었습니다. 그러자 윤지당은 다른 여성들은 보지 못하는 글을 읽는다는 것에 무척 기뻐하며 더욱 열심히 공부했습니다. 낮에는 집안일을 하고, 밤이 되면 늦은 시간까지 오빠들이 준 책을 읽고는 모르는 것을 질문하면서 실력을 쌓았습니다. 어찌나 집중해서 글을 읽었는지 종이가 다 뚫어질 정도였다고 하니, 공부에 대한 열정이 얼마나 컸는지 짐작할 수 있습니다.

온 힘을 다해 공부에 열중하는 동생을 본 오빠 임성주는 동생에게 '윤지당'이라는 호를 지어 주며 격려했습니다. 윤지당이라는 호에는 성인을 닮으라는 오빠의 뜻이 담겨 있었습니다. 비록 여자이지만 그런 사람이 되라는 소망을 담아 동생에게 호를 지어 주었던 것입니다.

이렇게 공부한 지 오래지 않아 윤지당의 실력은 경전에 나오는 내용을 가지고 형제들과 토론할 정도가 되었습니다. 토론을 할 때면 윤지당의 말이 얼마나 논리적이고 훌륭한지 형제들이 감탄할 지경이었습니다. 이런 윤지당을 보면서 오빠는 "네가 남자의 몸으로 태어나지 않은 것이 한스럽기만 하구나"라며 그녀의 재능을 안타까워했습니다. 여성은 아무리 실력이 뛰어나도 벼슬을 하거나 그것을 펼칠 기회가 없었던 불운한 시대여서 못내 한스러웠던 것입니다. 동생인 임정주도 훗날 윤지당의 학문이 얼마나 뛰어났는지를 이렇게 기억했습니다.

"누님은 천천히 한 마디로 그 옳고 그름을 결단하였다."

윤지당은 19살 때 부모의 뜻에 따라 신광유라는 사람과 혼인을 하였습니다. 그런데 결혼한 지 8년 만에 남편이 스물다섯이라는 젊은 나이로 그만 세상을 떠나 버렸습니다. 홀로 시집에 남은 윤지당은 학문을 하는 것으로 외로운 세월을 견뎌 냈습니다. 지금까지 그래 왔던 것처럼 집안일을 하는 한편, 틈틈이 학문을 연마했습니다. 드러내 놓고 공부할 수 없어 밤늦은 시간에 몰래 하거나, 친정에 갔을 때 형제들과 토론을 하고, 때로는 편지로 공부한 내용에 대해 의견을 교환하며 실력을 쌓아 갔습니다.

그렇게 밤늦게까지 불이 꺼지지 않고 나지막이 글 읽는 소리가 흘러나오자 윤지당의 시동생도 형수가 따로 공부하고 있다는 사실을 알게 되었습니다.

'남녀가 평등하다'는 윤지당의 학문세계

임윤지당은 조선시대의 여성으로서는 아주 드물게 ≪윤지당 유고≫라는 자신의 문집을 가진 사람입니다. ≪윤지당 유고≫는 그녀가 죽고 난 뒤 그 학문적 재능을 아깝게 여긴 동생 임정주와 시동생 신광우에 의해 간행되었습니다. 조선시대 몇몇 뛰어난 여성들 중에는 자신의 글을 실은 문집을 발간한 경우가 있었습니다. 그런데 ≪윤지당 유고≫에는 남자들만의 전유물이었던 성리학에 대한 이론과 해석을 담은 글이 실려 있다는 점에서 아주 특별하다고 할 수 있습니다.

≪윤지당 유고≫에는 유교 경전의 내용에 대해 연구하고 해석한 논문이 6편이나 실려 있습니다. ≪사서≫와 ≪오경≫과 같은 유교경전을 읽고 그 내용에 대해 윤지당이 새롭게 해석하고 설명한 것입니다. 윤지당은 자신의 논문에서 남녀평등사상을 주장하며, '여성과 남성은 근본에 차이가 없다'는 당시로서는 상상할 수 없이 파격적인 해석을 내리고 있습니다.

남자와 여자는 처한 입장만이 다를 뿐, 하늘에서 타고난 본성에는 하등의 차이가 없다. 여자도 몸과 마음을 수양하고 이에 힘쓰면 성인이 된다.

여자와 남자는 본질에 차이가 없기 때문에 여자 또한 노력에 따라 성인이 될 수 있다고 한 윤지당의 주장은, 여자는 성인이 될 수 없다고 한 당시 다른 학자들의 주장과는 판이하게 다른 것이었습니다. 남존여비 사상을 비판 없이 받아들이던 시대에 '남녀가 평등하다'고 주장한 윤지당의 이론은 참으로 놀랄 만한 것입니다.

조선시대에 남편과 부인 사이는 하늘과 땅, 즉 임금과 신하에 비교할 정도로 그 지위가 달랐습니다. 부인을 신하와 같다고 생각했기 때문에 아내는 남편을 공경하고 받들어야 했습니다. 부인이 아무리 뛰어나다 할지라도 남편에게 순종하고 시중들며 공경하는 것을 올바른 길이라 여겼습니다. 그래서 심지어 남편이 옷을 걸어 놓은 옷걸이에 부인이 같이 옷을 거는 것조차도 금지할 정도였습니다. 이러한 시대에 '남녀가 평등하다'고 주장한 것은 놀라운 사건입니다. 그런데도 윤지당은 당당하게 이런 주장을 담은 글을 쓰고 다른 학자들이 자신의 주장에 대해 평가해 주길 요청합니다. 또 자신의 글이 '오랫동안 학문에 뜻을 갖고 공부하였으니 장독대나 덮는 종이로 사용되어 무의미하게 사라진다면 슬플 것'이라 말하며 자신감을 보입니다.

우리 역사를 통 털어 가장 성차별이 심했던 시기에 여자는 공부할 수도 없던 성리학 이론을 이야기하고, 더욱이 양성평등을 주장하는 것은 비난을 자초하는 행동입니다. 그런데도 윤지당의 이론과 주장이 얼마나

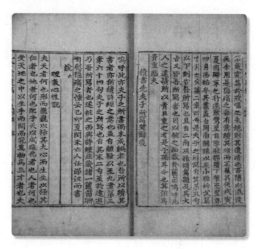

《윤지당 유고》

논리적으로 뛰어났던지 '이만보'라는 학자는 그녀를 두고 "천부적인 식견을 타고났으며 성리학과 인의仁義에 대한 이론들 가운데서 고금의 여성들 중 으뜸"이라는 평가를 했다고 합니다.

《윤지당 유고》에는 경전의 내용을 다룬 논문뿐만이 아니라 중국의 역사책인 《사기》나 《한서》를 읽고 거기에 나오는 정치가나 학자의 사상, 그리고 장군들을 평하고 비판한 내용들도 함께 실려 있습니다. 이들 글에서도 임윤지당은 역사에 대한 남다른 생각과 날카로운 의식을 보입니다. 더욱이 윤지당은 여성이 도덕적으로 남성보다 앞선다는 주장을 하며 조선시대의 잘못된 윤리를 비판하기도 했습니다.

이렇듯 여성을 새롭게 바라보고 평가하며 인정하는 윤지당의 학문세계는, 시대적인 차별을 극복하고 주체적으로 자신의 의지를 반영한 것

이어서 더욱 고귀하다고 하겠습니다. 이런 업적 때문에 윤지당은 2005
년 5월 이달의 문화인물로 선정되었습니다.

여성 실학자 이빙허각 (1759~1824년)

여자 선비, 이빙허각

이빙허각은 실생활에 유용한 여성용 생활백과사전인 ≪빙허각 전
서≫를 지은 사람입니다. ≪빙허각 전서≫는 실제 생활과 관련된 지식
을 여성의 입장에서 한글로 쓴 것이어서 한자를 모르는 여성들도 읽고
생활에 활용할 수 있었습니다.

조선시대 후기 실학자들은 실학사상을 반영한 백과사전을 펴내는 것
을 하나의 유행처럼 생각하여 그 당시 많이 편찬하였다고 합니다. 수많
은 책들이 나왔지만 그 중 여자들도 읽을 수 있도록 한글로 기록된 책은
없었습니다. 그래서 빙허각은 여성들도 쉽게 읽고 실생활에 활용하도록
여러 책의 내용을 골라 한글로 풀어 책을 편찬한 것입니다.

양반가 이창수의 딸로 태어난 빙허각은 어릴 때부터 매우 영리하여
≪소학≫은 물론이고, 어려운 유교 경전인 ≪시경≫까지 가르치는 즉시
그 뜻을 알아차렸다고 합니다. 그녀는 글짓기에도 뛰어난 재주가 있어
직접 시를 지어 주위 사람들에게 읽어 주기도 해 여자 선비라는 뜻의
'여사女士'라는 칭호를 듣기도 했습니다. 나중에 그녀의 시할아버지가 이
런 재능을 알아보고는 "누가 여자라고 하겠는가!"라며 칭찬을 아끼지 않

을 정도였습니다.

어린 시절, 빙허각은 자존심이 강해 남에게 지는 것을 무척 싫어했다고 합니다. 일고여덟 살 무렵이 되면 사람은 누구나 젖니가 빠지고 영구치로 갈게 됩니다. 그 무렵 다른 아이들은 이를 가는데도 자신은 새 이가 돋지 않자 이를 시샘하여 직접 작은 망치로 아랫니와 윗니를 뽑아 다른 아이들처럼 새 이가 나게 했을 정도였습니다.

어린 나이의 여자아이가 이같이 강한 성격을 보이자 빙허각의 아버지는 은근히 걱정을 했다고 합니다. 그녀가 살던 시대는 남존여비 사상이 가장 심한 시기였고, 여자는 남편을 잘 따르고 순종하는 것이 미덕인데, 혹시나 이런 특별한 성격 때문에 어려운 일을 당하지나 않을까 걱정이 되었던 것입니다.

15세가 되던 해, 빙허각은 자신보다 세 살이나 어린 12세의 서유본과 혼인했습니다. 남편 서유본은 공부를 잘해 우수한 성적으로 과거에 합격했지만 당파싸움으로 인해 관직을 제대로 얻지 못하고 불우한 삶을 살았습니다. 벼슬길에 나가지 못하게 되자 서유본은 독서와 책을 쓰는 일에 전념하면서 아내와 같이 시간을 보냈습니다.

두 사람은 마치 친구처럼 학문에 관한 이야기를 하고 서로 시를 주고받았습니다. 이때 남편과 같이 보낸 시간을 빙허각은 ≪빙허각 전서≫에 있는 ≪규합총서≫ 서문에 적어 놓고 있습니다. 이렇게 빙허각이 남편과 함께 시간을 보낼 수 있었던 것은 남다른 학문적 수준을 갖추었기에 가능한 일이었습니다.

남편이 관직에 나가지 못하자 자연히 살림은 궁핍했습니다. 그래서 빙

≪빙허각 전서≫의 일부인 ≪규합총서≫

허각은 생계를 위해 손수 누에를 기르고 차밭을 경작하고 길쌈까지 하면서 혼자 힘으로 집안 살림을 꾸려 나갔습니다. 이런 일을 직접 하면서 익힌 경험은 나중에 ≪빙허각 전서≫의 내용을 더욱 알차고 풍부하게 만드는 바탕이 되었습니다.

여성들을 위한 백과사전 ≪빙허각 전서≫

빙허각이 저술한 ≪빙허각 전서≫에는 그 시대 여성들의 생활에 꼭 필요한 다양한 내용들이 실려 있습니다. 술과 음식을 만드는 방법, 길쌈하는 방법, 꽃 심기와 가축 기르기, 응급 처치하는 방법, 재난 방지법, 태교와 육아 등 여성의 실생활과 관련된 내용들이 하나하나 체계적으로 기록되어 있습니다. 책을 쓸 때 그녀는 마치 논문을 쓰는 것처럼 책의 내용을 비교한 뒤 가장 필요한 말을 가려 적고, 거기에 경험에서 비롯된 자기의 의견을 덧붙여 실용성을 높이려고 했습니다.

처음 ≪빙허각 전서≫는 집안 친척들 사이에만 전해지며 읽혔지만 점점 다른 여성들에게도 전해져 알려지게 됩니다. 그 어떤 책보다 실생활에 활용할 수 있는 내용이 많고, 한글로 적혀 있어 누구나 쉽게 읽을 수 있기 때문에 점점 퍼져나가 나중에는 가장 널리 읽히는 책이 되었습니다.

≪빙허각 전서≫에는 집안일과 실생활에 도움이 되는 내용뿐만 아니라 역대의 열녀들에 관한 이야기를 모은 〈열녀록〉이 부록으로 실려 있습니다. 열녀라고 하면 보통 남편이 죽은 뒤 다른 사람과 재혼하지 않고 정절을 지킨 여성이나, 혹은 정절을 지키기 위해 남편을 따라 죽은 여성들을 일컫는 말입니다. 그런데 빙허각은 이 책에서 열녀를 달리 해석하고 있어서 특별히 눈길을 끕니다.

빙허각은 정절을 지킨 여성뿐만 아니라, 부인(여성)들 가운데 학문이 뛰어난 여성이나, 지식이 높은 여성, 그리고 예술에 뛰어난 여성들과 여장군까지 다양한 여성 인물들을 〈열녀록〉에 소개했습니다. 조선시대 양반가 여성의 필독서인 여느 〈열녀록〉에 있는 열녀와 달리 다양한 재능을 가진 여성들에게도 열녀라는 이름을 붙여 열녀*에 대한 새로운 해석을 하고 있는 것입니다. 이렇듯 자신의 재능을 발휘하며 주체적인 삶을 산 여성들의 존재를 인정한 것은 여성을 바라보는 그녀의 시각이 앞서 있었기 때문입니다.

---

* 열녀 _ 한자로 쓰면 烈女인데, 이것을 글자 그대로 번역하면 '대단한 여자'이다.

≪빙허각 전서≫는 ≪규합총서≫ 8권, ≪청규박물지≫ 5권, ≪빙허각고략≫ 1권, 모두 14권으로 구성되어 있습니다. 그런데 시간이 지나면서 대부분 소실되고 안타깝게도 지금은 ≪규합총서≫만 남아 있습니다.

여성 수학자 서영수각 (1753~1823년)

글 읽기를 좋아한 어린 선비

서영수각은 1753년 아버지 서회수와 어머니 안동 김씨 사이에서 태어났습니다. 영수각은 어릴 때부터 글을 배우고 읽는 것을 매우 좋아하여 남자 형제들 곁에서 함께 글공부를 했습니다. 그렇게 한 지 얼마 지나지 않아 그녀의 말과 행동은 주위를 놀라게 할 수준이 되었다고 합니다.

영수각은 14세의 어린 나이에 홍인모라는 사람과 결혼을 했습니다. 결혼하고 난 뒤 10년 동안 영수각은 자신이 글을 안다는 사실을 밖으로 드러내지 않았습니다. 그녀가 살던 시대에는 여자가 글을 많이 알면 마음이 교만해져서 부녀자의 본분을 게을리 할 것이라 생각하여, 글 배우는 것을 금기시하였습니다. 그래서 그녀는 글을 안다는 것을 드러내지 않아 영수각의 남편은 아내가 글을 안다는 사실을 오랫동안 모르고 지냈습니다.

밖으로 드러내지는 않았지만 대신 영수각은 자신이 알고 있는 지식을 자식 교육에 잘 활용했습니다. 그녀는 아이들에게 직접 글을 가르치며 교육했습니다. 알고 있는 경전을 외워 주고 시문과 격언도 들려주었습니다. 또 장차 관리가 될 아들들에게 백성을 잘살게 만드는 올바른 정치의 도리가 무엇인지 앞서 깨우쳐 주었습니다. 어머니 영수각의 가르침은 2남 3녀의 아이들에게 더없이 좋은 자양분이 되었습니다. 이런 어머니의 가르침 덕분에 후에 좌의정을 지낸 큰아들 홍석주는 주위의 공경을 받는 인물이 되었다고 합니다.

특히 영수각은 자식들에게 아랫사람을 잘 대해 주어야 한다는 당부를 자주 했습니다. "추운 곳에서 힘들게 일하는 하인들이 있어 너희가 이처럼 평안히 공부하는 것이니 아랫사람들에게 친절하게 대하고 감사하는 마음을 가져야 한다"며 신분이 낮은 사람들에게 잘 대하라고 가르쳤습니다. 이런 어머니의 가르침이 있었기에 홍석주는 높은 벼슬에 오른 뒤에도 백성들로부터 존경을 받았던 것입니다. 또한 영수각은 자녀들에게 항상 성실하고 검소한 생활을 하라고 가르쳤습니다. 셋째아들 홍현주가 정조임금의 사위가 되자 혹시라도 검소해야 할 어린 자식이 사치에 빠지지나 않을까 염려하여 대궐에서 하사한 비단옷을 집에서는 입지 못하게 금지했습니다.

아내 영수각이 남다른 학문적 재능을 가졌다는 것을 남편 홍인모가 알게 된 것은 우연한 일이 계기가 되었습니다. 어느 날 퇴근하고 집에 온 남편은 영수각이 아이들과 함께 유교경전의 내용을 토론하는 것을 듣게 되었습니다. 문밖에서 가만 들어 보니 영수각이 경전을 내용을 정확하게 알고 조리 있게 설명하는 것이었습니다. 아내 영수각의 학문적 실력을 알게 된 남편은 깜짝 놀랐고, 그 뒤에는 남편도 토론에 참여하며 함께 시간을 보냈습니다.

시인이자 수학자

영수각은 학문적 실력도 뛰어났지만 시인으로서의 재능도 뛰어났다고 합니다. 어느 날 남편 홍인모는 아내가 자신의 시에 답하는 것을 보고 그 실력에 감탄해 영수각이라는 호를 직접 지어 주었습니다. 이 일이 있고 두 사람은 서로 시를 지어 주고받으며 친구처럼 지냈습니다. 부부는 '부내부천' 즉 '하늘과 땅'과 같다고 한 조선시대의 부부사이 관계를 생각하면, 영수각에 대한 남편의 대우는 남다른 것이었고 시대를 초월한 것입니다.

영수각은 시인으로서의 재능을 자식 교육에 잘 활용했습니다. 아들 홍석주가 사신으로 청나라에 갈 때 영수각은 '항상 경을 지니고 얼음을 밟는 마음가짐으로 덕을 쌓으라'는 뜻의 시를 지어 아들에게 전해 주었습니다. 아들이 모든 일에 조심하면서 맡은 임무를 잘하고 돌아오기를 바랐던 것입니다.

영수각은 또한 수학자로서도 놀랄 만한 재능을 가졌습니다. 누가 가르쳐 준 것도 아닌데 혼자 어려운 수학공식을 간단한 식으로 만들었습니다. 지금 말로 하자면 제곱근을 의미하는 개평방開平方 방정식과 같은 어려운 수학공식을 사람들이 이해하기 쉬운 방식으로 풀어 냈습니다. 삼각형의 넓이를 구하는 식도 쉽게 푸는 방법을 찾아내 사람들에게 가르쳐 주었습니다. 영수각의 수학적 재능이 얼마나 뛰어났는지는 아들인 홍석

서영수각의 시와 글이 실린 〈부영수각고〉

주가 남긴 말을 보면 알 수 있습니다.

어머니는 남달리 수학을 좋아하셨습니다. 언젠가 ≪주학계몽≫이라는 수학책을 보시고는 거기에 나온 나눗셈, 분수계산, 가감법 등의 풀이법이 아주 번거롭고 어렵다고 하시며 어머니 나름대로 계산법을 만드셨습니다. 그런데 훗날 중국에서 가져온 ≪수리정온≫이란 수학책의 풀이법을 보니 어머니가 한 풀이법과 그 방법이 놀랄 정도로 똑같았습니다.

많은 학생들이 가장 어려워하는 과목 중 하나인 수학은 조선시대에는 중인들이 배웠던 학문으로 양반들은 공부하지 않았습니다. 유학에 비해 수학을 천한 학문이라고 생각했기 때문인데, 하지만 영수각은 그렇게 생각하지 않았습니다. 실생활에 반드시 필요한 수학을 우리 생활에 편리하게 이용하도록 쉬운 수학공식을 찾아내 사람들에게 가르쳐 주어 활용하게 했던 것입니다.

영수각은 많은 시와 글을 남겼습니다. 그녀가 남긴 시와 글은 모두 192편이나 됩니다. 아내의 문학적 재능을 알아보고 이것이 사라지는 것을 아깝게 여긴 남편이 자신의 문집인 ≪족수당집≫ 6권에 〈부영수각고〉라는 이름으로 작품을 실어 오늘날까지 전해지고 있습니다. 여성은 자신의 글을 밖으로 내보여서는 안 되는 시대였지만, 남편이 영수각의 훌륭한 글을 기념하고자 자신의 문집에 실어 오늘날까지 전해지게 된 것입니다.

앞에서 말했듯이 영수각은 자녀들에게 스승이자 어머니로서 자신의 학문과 재능을 활용하여 올바른 길을 가도록 가르쳤습니다. 남편과는 조선시대 남존여비의 엄격한 부부관계에서 벗어나 서로 시를 주고받는 친구로 시대를 앞선 삶을 사는 특혜를 누렸습니다.

이같이 시대의 한계를 뛰어넘어 남들보다 앞선 삶을 살았다고 할지라도 아쉬운 점은 여전히 남습니다. 만약 영수각이 조선시대가 아니라 오늘날과 같이 여성도 자신의 능력을 발휘하면서 살 수 있는 시대에 태어났더라면 과연 그녀의 삶은 어땠을까 하는 생각이 들기 때문입니다. 그랬다면 아마 훌륭한 시인으로서, 뛰어난 수학자로서 우리나라의 수학 발전을 이끌며 그 이름을 떨쳤을지도 모를 일입니다. 여성이라는 이유로 한 뛰어난 천재가 그 재능을 제대로 꽃피우지 못하고 사라진 것은 몹시 안타까운 일입니다.

남장한 여행가 금원 김씨 (1817~미상)

금지된 꿈을 꾸는 당돌한 소녀

한 소녀가 오도카니 앉아 깊은 생각에 잠겨 있습니다. 말없이 앉아 있던 소녀는 이윽고 하늘을 올려다보며 조용히 읊조립니다.

"아! 바깥세상을 보고 싶다. 단 한번만이라도, 단 한번만이라도 좋으니 바깥세상을 볼 수 있었으면……. 차라리 새가 되었으면. 새들은 얼마나 좋을까? 나도 저 새처럼 훨훨 자유롭게 날아 세상으로 나갈 수 있을 텐데. 천하에 절경이라는 금강산은 얼마나 아름다울까? 임금님이 계시는 한양은 또 어떻게 생겼을까? 궁궐은 얼마나 웅장하고 멋질까? 한번이라도 세상을 돌아볼 수 있다면 소원이 없으련만……."

금원이 살던 조선시대 중기는 여성에게 엄격한 시대였습니다. 고려시대의 여성들은 조선시대의 여성들에 비해 비교적 자유로운 삶을 살았습니다. 바깥 외출도 할 수 있었고 나라의 불교행사에 참가해 즐길 수도 있었습니다. 그러나 조선시대로 넘어오면서 여성들이 누리던 이런 자유는 사라져 외출은 금지되었습니다. 당연히 집밖으로 나가 자유롭게 세상을 돌아보는 것은 상상조차 할 수 없는 일이 되어 버렸습니다. 그래서 바깥세상을 구경하고 세상을 돌아보려는 금원의 소망은 절대 이루어질 수 없는 불가능한 꿈이나 다름없었습니다.

그런데도 소녀 금원은 당돌하게도 금지된 꿈을 가슴에 품고 그 꿈이 이루어지기를 간절히 소망했습니다. 그래서일까요? 결코 이루어질 수 없을 것 같던 금원의 소망이 이루어졌습니다. 남자 복장을 하는 것이 바로 그 답이었습니다.

여성은 대문 밖을 나가는 것조차 금기시되던 당시의 장벽을 뛰어넘어 14세라는 어린 나이에 남장을 하고 전국을 유람한 여행가 금원은 강원도 원주에서 출생했습니다. 어린 금원은 누구보다 활달하고 밝은 성격의 소유자였다고 합니다. 그러나 몸이 허약하여 병치레를 자주 하는 바람에 어린 시절을 남달리 힘겹게 보내야 했습니다. 병약한 딸이 가여웠던 금원의 부모는 여자라면 응당 배워야 하는 바느질이나 요리를 가르치는 대신 글을 가르쳐 책을 읽도록 해 주었습니다.

남달리 총명했던 금원은 금방 어려운 유학 경서와 사서 내용을 깨우치고 세상 이치를 알게 되었습니다. 다른 여자들은 하지 못하는 글공부를 할 수 있었던 것은 금원에게는 행운이었습니다. 그러나 다른 한편에서 생각해 보면 글공부는 금원에게 불행을 가져다주었습니다. 학문이 깊어지면 깊어질수록 세상 이치를 알면 알수록, 여자라는 이유로 이름을 남기지 못하고 집안에 갇혀 세상을 보지 못한 채 죽어야 한다는 것을 절실히 깨닫게 되었던 까닭입니다.

금원은 바깥세상을 자유롭게 유람하고 뜻을 키우는 남자들처럼 자신의 발로 세상을 밟으며 견문을 넓히고 싶었습니다. 그러나 자유롭지 못한 여자라는 신분 때문에 세상을 구경하고 싶은 소망은 꿈으로만 간직해야 했습니다. 이러한 처지를 비관한 금원은 "비록 금수(동물)로 태어나지 않고 오랑캐 나라에 태어나지 않은 것은 다행이지만, 여자로 태어난 것은 불행하다"고 한탄했습니다. 여자이기에 자유가 없고, 한미한 집안에서 태어나 할 수 없는 일이 많아 답답했던 자신의 처지가 안타까웠던 것입니다.

여자에게는 바깥출입을 금지하는 금기를 깨고 세상에 나가기를 간절히 원했던 금원은 마침내 부모에게 자신의 생각을 말했습니다. 14살의 어린 처녀의 몸으로 집밖을 나가 전국을 유람하겠다는 생각은 당돌하기 짝이 없는 것이어서 그녀의 부모는 당연히 거절했습니다. 더구나 혼기를 앞둔 나이여서 이런 딸의 생각을 들어줄 리 없었습니다. 그러나 금원은 포기하지 않았습니다. 다시 한 번 부모에게 자신의 소망을 말하며 간청했습니다. 눈물로 간절히 호소하는 딸의 소망을 모른 체하기 어려웠던 부모는 결국 승낙하고 말았습니다. 얼마나 고대한 꿈이었든지 부모님의 허락이 떨어진 그 순간에 느꼈던 기분을 금원은 자신의 글에서 이렇게 표현하였습니다.

마치 새장에 갇혔던 매가 새장을 나와 저 푸른 하늘을 솟구쳐 오르는 것 같고, 좋은 말이 굴레와 안장을 벗은 채 곧장 천리를 내닫는 것 같은 기분이었다.

마침내 소망을 이루게 된 금원은 제천 의림지와 설악산을 돌아보고 천하의 절경이라는 금강산을 찾았습니다. 금강산에서 금원은 아슬아슬하리만큼 위험한 곳까지도 일일이 찾아다니며 경치를 감상했습니다. 그러고는 관동팔경을 거쳐 마지막으로 사람들이 북적대는 한양을 찾아가 둘러보고 소원했던 여행을 마쳤습니다.

글짓기에 남다른 재능을 가진 금원은 여행하는 틈틈이 여행지에서 느낀 감상을 담아 시를 짓고 글을 남겼습니다. 제천 의림지에서는 꾀꼬리가 우는 것이 마치 자신과의 이별을 아쉬워하는 것은 아닌지, 그

금원의 책 《호동서락기》

곳을 떠나기 싫은 자신의 심경에 비유하며 시를 지었습니다. 금강산에
서는 읽는 사람이 마치 그 앞에 서서 직접 눈으로 보는 듯 가는 곳곳마
다 자연경관과 풍경을 자세하게 묘사하는 글을 남겼습니다. 절이나 명
승지와 관련된 설화를 일일이 소개하는 것도 잊지 않아 그 가치를 평
가받습니다.

위험한 곳도 직접 찾아다니며 누구보다 가슴 깊이 애절하게 구경해서
일까요? 금강산을 보고 난 뒤 금원은 하늘과 땅이 아무리 넓어도 자기
안에 담을 수 있다는 당찬 시를 씁니다. 이 시는 14살의 소녀가 지은 것
이라고는 보기 어려울 정도로 담대하기 그지없는 내용입니다. 한양을 보
고 난 뒤에는 그동안 자신의 안목이 얼마나 좁았는지를 깨닫고 가슴이
탁 트이는 것 같았다는 감상문을 남기기도 했습니다.

그토록 원했던 여행을 마치자, 금원은 "경치 좋은 곳을 두루 다니며
남자도 못할 일을 해내었으니 소원을 이루었다"며 남장한 옷을 벗고 평
범한 여자의 삶으로 돌아갔습니다. 금원이 여행 다니는 동안 쓴 시와

글들은 ≪호동서락기≫라는 그녀의 책에 남아 있습니다. 남자들도 하기 어려운 일을 더구나 어린 소녀의 몸으로 해내자, 그녀의 친구인 운초는 금원을 두고 여자 가운데 영웅호걸이라고 평하며 칭찬을 아끼지 않았습니다.

삼호정시사, 여성들의 시 동아리

여성으로서는 그 누구도 시도하지 못했던, 아니 상상하기조차 어려운 전국 유람을 마치고 일상생활로 돌아간 금원은 김덕희라는 사람과 결혼을 했습니다. 후에 남편이 의주부윤이라는 벼슬을 얻어 의주로 부임하자 금원은 남편을 따라갔습니다. 그곳에서 금원은 이전에 하지 못했던 평양을 비롯한 관서지방을 유람하는 기회를 얻어 두 번째 여행을 했습니다.

남편이 의주에서의 임기를 마치고 벼슬길에서 물러나자 두 사람은 한양으로 돌아왔습니다. 돌아온 뒤에는 지금의 서울 용산에 있던 남편의 정자 '삼호정'에서 마음이 맞는 친구들과 함께 시를 지으며 여생을 보냈습니다.

여성들끼리 모여 시를 짓고 즐겼던 이 모임을 '삼호정시사'라고 불렀는데, 일종의 문학 동아리와 같은 것이었습니다. 그 당시 남자들은 시모임을 만들어 즐기기도 했지만 여자들의 모임은 흔치 않았습니다. 그러나 여성이라는 주어진 운명을 뛰어넘으려 했던 금원의 열정과 노력이 이 모임을 가능하게 했습니다. 그래서인지 이 모임에 대한 금원의 자부심은 대단했습니다. 금원은 자신의 책에서 이 모임에 참가하는 여성들의 재능이 오히려 남자들을 능가한다며 자랑하고 있습니다.

　다음은 금원이 금강산과 제천 의림지를 둘러보고 남긴 글입니다. 이들을 통해 불가능한 소망을 이룬 소녀의 의지를 같이 느껴 보기 바랍니다.

모든 물 동쪽으로 다 흘러드니
깊고 넓어 아득히 끝이 없구나.
이제야 알았노라, 하늘과 땅이 커도
내 가슴 속에 담을 수 있음을.

– 금강산에서 쓴 글

못가에 수양버들 푸르게 드리우고
엷은 봄 시름을 하는 듯하네.
나뭇가지의 꾀꼬리 쉬지 않고 울어
이별의 슬픔을 견디기 어려워하네.

– 제천 의림지에서 쓴 글

4장

일하고 싶은 여성

1

잃어버린 '일할 권리'

좋은 아내, 좋은 엄마를 꿈꾸던 여학생들

지금부터 10년 후에 여러분이 무엇을 하고 있을까 한번 상상해 봅시다. 아마 대부분은 자신이 하고 싶은 일을 하며 사회적으로 인정받고, 멋있게 살아가는 모습을 기대할 것입니다. 그런데 〈모나리자 스마일〉이라는 영화를 보면 여러분들이 꿈꾸는 것과는 아주 다른 생각을 하는 여학생들이 나옵니다.

〈모나리자 스마일〉은 1950년대 미국의 명문 웨슬리 여자대학을 배경으로 한 영화입니다. 이 영화 속에 나오는 학생들은 우수한 성적을 받아 대학에 진학한 수재들로, 한 학기 수업 내용을 미리 다 예습해올 정도로 열의를 가지고 대학생활을 합니다. 그렇지만 그런 노력은 꿈을 위한 것이 아니라 '좋은 엄마와 아내'가 되기 위한 것이었습니다. 이들은 현모양

영화 〈모나리자 스마일〉

처가 되기 위해 대학에 입학한 학생들이었습니다. 아이를 낳아 잘 기르고 남편 뒷바라지를 잘하려면 지식과 교양이 있어야 한다고 생각하여 대학에 진학했던 것입니다. 그래서 사람들은 여자대학을 두고 대학을 가장한 '신부학교'라는 비판을 하기도 했습니다.

영화 속 대부분의 웨슬리 여학생들은 좋은 집안의 남자와 결혼하여 남편을 내조하고 좋은 엄마가 되어 아이를 키우면서 살아가는 것이 인생 최고의 목표라고 생각합니다. 그 당시에는 결혼이야말로 여성의 진정한 취업이라 여겨 웨슬리 대학의 연감에는 '결혼이 최고의 학생을 만든다'라는 말이 들어 있었다고 합니다. 그러다 보니 여학생들은 자신이 하고 싶은 일이 무엇인지 생각하지 않았습니다. 그들에게 가장 중요한 목표는 현모양처로, 결혼을 위해서라면 모든 것을 희생했습니다.

변호사가 되기를 원했던 '조안'이라는 학생은 매우 똑똑하고 성적도 뛰어나 명문대학 로스쿨의 입학허가를 받지만 결혼 때문에 입학을 포기합니다. 이를 안타깝게 여긴 캐서린 교수가 결혼생활과 변호사가 되는 공부를 같이 할 수 있는 학교가 있으니 입학을 포기하지 말라며 설득했지만, 조안은 엄마와 아내의 길을 가겠다며 남자친구를 따라갑니다.

다른 학생인 '베티'는 결혼을 하자 학교에도 잘 나오지 않고 집안일에 매달립니다. 학교도 여자는 가정을 지키고 아이를 낳는 것이 더 중요하다고 여겨 결혼한 학생들은 수업에 빠져도 모르는 척 봐준 까닭입니다. 그러나 얼마간의 시간이 흐르자, 베티는 그동안 꿈꾸어온 것과 달리 결혼생활이 행복하지 않다는 것을 깨닫고 자신이 원하는 삶을 살기 위해 다시 학교로 돌아옵니다.

많은 사람들이 가고 싶어 하는 명문대학의 로스쿨에 입학할 기회를 얻고도 남자친구가 원치 않는다는 이유로 진학을 포기하고, 또 결혼을 해야 한다며 학교를 그만두는 행동은, 아마 여러분들로서는 이해하기 힘들 것입니다. 그러나 그 당시의 여성들은 사회로 진출하여 자신의 꿈을 펼치기보다 결혼을 잘하는 것이 가장 중요하다고 생각했기에 별 망설임 없이 이런 선택을 했던 것입니다.

≪모나리자 스마일≫의 배경이 된 1950년대, 여성 교육의 최고 목표는 현모양처가 되도록 가르치는 것이어서 어떤 여학교에서는 다음과 같은 교훈을 내세우기도 했습니다.

시대에 따른 여성의 변화

1990년 부시 대통령 부인인 로라 부시 여사가 웨슬리 여자대학 졸업식에 초청연사로 초대되자 학생들이 반대를 한 유명한 사건이 있었다. 학생들은 '웨슬리 대학은 우리에게 남편이 어떤 지위를 가지고 있는가에 의해 대접받는 것이 아니라 바로 나 자신이 어떤 사람인가에 따라 대접받아야 한다고 가르쳤다'며 로라 부시 여사가 학교에서 강연하는 것을 거부했다. 이 말은 자신의 실력과 노력으로 얻은 지위에 의해 평가받겠다는 것으로, 자신의 일을 갖고 사회에 참여하겠다는 높은 의지를 반영한 것이다.

이 사건은 영화 〈모나리자 스마일〉의 배경이 된 1950년대 웨슬리 여자대학 학생들의 인식과 오늘날의 학생들 사이에 어떤 차이가 있는지를 잘 보여 준다.

웨슬리 여자대학 전경

우리 학교는 학자가 되도록 교육하는 것이 아니라,

아내와 어머니가 되도록 가르친다!

이런 시대였기에 여학생들은 결혼을 하고 현모양처가 되기 위해서라면 자신의 재능이나 목표는 얼마든지 포기할 수 있다고 생각했고 실제로 그런 선택을 했던 것입니다.

어떤 경우에는 교육을 많이 받으면 결혼에 장애가 될까 걱정하여 심지어 학교를 중퇴하는 학생들도 있었습니다. 교육을 많이 받으면 어머니로서의 의무와 가사에 소홀해진다는 오해를 받거나, 지식과 능력을 갖춘 여성은 쉽게 상대할 수 없는 여자로 여기기 때문에 결혼을 못 하게 되지나 않을까 두려웠기 때문입니다.

'가정주부'의 탄생

〈모나리자 스마일〉에 나오는 여학생들이 이상으로 생각한 '가정주부'란 다른 직업 없이 집안일을 도맡아서 하는 여성을 말합니다. 바깥에서 활동하는 남편을 뒷바라지하고 아이를 키우며 가족들이 불편하지 않도록 모든 집안일을 책임지는 사람이 바로 가정주부입니다. 그런데 가정주부라는 단어는 산업혁명이 일어나기 이전에는 없었던 말입니다.

산업혁명 이전에는 물건을 만드는 일이 집안에서 가족 모두가 참여하는 가내수공업 방식으로 이루어졌습니다. 가족의 노동력을 이용하여 집안에서 물건을 생산해야 했기 때문에 여성은 물론 아이들까지도 모두 일을 했습니다. 따라서 집안일만 책임지는 가정주부는 존재할 수 없었습니다. 그 당시의 가족은 지금과 같이 감정을 중시하는 공동체가 아니라 경제공동체의 성격을 띠었습니다. 그런데 산업혁명이 발생하고 사람이 하던 일을 기계가 대신하면서 공장이 생겨나고, 집안에서 이루어지던 물건의 생산이 집 밖으로 이동하게 되었습니다.

물건을 만드는 일이 공장으로 옮겨지자 부부관계에도 변화가 일어났습니다. 남성은 가장이라는 이름으로 가족의 생계를 위해 직장에 나가 돈을 벌고, 여성은 아이를 낳고 키우며 남편을 뒷바라지하는 일을 책임지게 되었습니다. 이렇게 여성과 남성의 일이 구분되면서 가정주부가 생겨나게 된 것입니다.

물론 산업혁명 초기에 모든 가정의 어머니들이 가정주부의 역할만 하면서 살 수 있었던 것은 아니었습니다. 가정주부의 역할은 남편 혼자서도 가족 모두가 먹고살 정도의 충분한 돈을 벌어오는 몇몇 부유한 가정에서만 가능했습니다. 가난한 가족의 경우에는 남편의 수입이 적어 여성들도 일을 같이 해야 가족들이 먹고살 수 있었으니까요. 그러나 시간이 흘러 산업이 발전하여 임금이 높아지면서 아이를 돌보고 집안을 보살피는 가정주부의 수는 점점 더 늘어났습니다. 유능하고 똑똑한 여성일수록 직업을 갖지 않고 집안에서 가족을 뒷바라지해야 했습니다. 가정주부의 수가 늘어나자 여성의 주 임무는 남편과 자식들을 돌보는 것이 되었고, 가정주부는 여성들의 이상이자 고유한 역할이 되어 버렸습니다.

'알 수 없는 병'을 앓는 여성들

가정주부가 여성들의 삶의 이상이자 목표로 정착되면서 여성들은 사회로부터 점점 더 멀어지고 집안에 갇히게 되었습니다. 여성이 해야 할 가장 중요한 일은 가족을 돌보는 일로 여겼고, 설사 일을 하고 싶어 해도 가정주부는 회사에서 채용해 주지도 않았습니다. 19세기 영국과 독일에서는 회사를 경영하는 사장들이 서로 담합하여 결혼한 여성은 채용하지 않겠다는 약속을 하기도 했습니다. 그들은 남편이 없어서 스스로 돈을 벌어야만 하는 여성이나 결혼하지 않은 여성들만 채용했습니다. 결혼한 여성은 아무리 능력이 뛰어나도, 또 일을 하고 싶어 해도 직원으로 뽑지 않았습니다. 그래서 여성의 취업은 더욱 힘들어졌고 대부분이 직업을 가질 수 없었습니다. 여자들에게 돌아오는 직업이란 남자들이 잘 하려고 하지 않는 일이나 허드렛일이 고작이었습니다.

1960년대 미국에서 여성해방 운동의 지도자로 유명한 '케이트 밀레트'라는 학자는 영국의 명문 옥스퍼드 대학에 유학하여 최고 논문상을 받을 정도로 뛰어난 수재였습니다. 가정주부가 되려는 다른 여성들과 달리 밀레트는 직업을 갖고 자신의 능력을 발휘하는 삶을 살아가기를 원했습니다. 최고 논문상을 받을 정도로 우수한 인재였지만 밀레트는 일자리를 구하는 과정에서 심한 난관에 부딪쳤습니다. 만약 밀레트가 남자였다면 많은 회사에서 서로 모셔 가려고 했을 테지만, 단지 여자라는 이유로 일자리를 주지 않았던 것입니다. 그래서 밀레트는 취업에 성공하기까지 무려 '1,100번'이나 이력서를 써 보내며 일할 곳을 찾아야만 했

케이트 밀레트
미국의 여성해방 운동가로 전세계
여성운동에 영향을 주었다.

습니다. 이런 힘든 과정을 거친 끝에 겨우 한 은행에 취업을 했지만, 주어진 일거리는 아주 실망스러운 것이었습니다. 밀레트가 얻은 일자리는 구태여 대학을 졸업하지 않아도 누구나 할 수 있는 자료 파일을 관리하는 단순한 일에 불과했기 때문입니다.

1960년대 초반 미국에서는 이상한 일이 벌어지기 시작했습니다. 많은 가정주부들이 병을 앓기 시작한 것입니다. 시름시름 앓다가 심지어 자살하는 주부도 생겨났는데, 병을 치료하기 위해 여기저기 병원을 찾아가 보았지만 의사들은 그들이 왜 아픈지 도무지 이유를 찾지 못했습니다. 병의 원인을 찾아내지 못한 의사들은 이 병에 '알 수 없는 병'이라는 이름을 붙였습니다. 아마 어떤 병인지 벌써 눈치를 챈 사람도 있을 것입니다. 바로 '주부 우울증'이었습니다.

여성들도 사회로 진출하여 자신의 능력을 발휘하고 사회가 인정하는 일을 하며 살고 싶었지만, 가정주부라는 이름으로 집안에 갇힌 채 남편을 기다리며 살아야 했기 때문에 병이 들었던 것입니다. 개인의 능력이나 재능과는 상관없이 결혼과 동시에 아내와 어머니로 가족을 돌보며 한평생을 보내야 하는 무기력한 삶이 바로 병을 일으킨 원인이었습니다. 이런 여성들의 욕구를 알지 못했던 의사들은 왜 아픈지 그 원인을 찾을 수 없었고, 그래서 그 병에 '알 수 없는 병'이라 이름 붙였습니다.

그 당시 학교나 사회는 여성들에게 넓은 정원을 가진 좋은 집에서 남편과 아이들을 위해 사는 것이야말로 가장 행복한 삶이라고 가르쳤습니다. 그런데 정작 그 안에 있는 여성들은 집을 마치 포로수용소와 같이 생각했고 끝없이 외로움과 싸워야 했습니다. 여성들도 자아를 찾고 사회적으로 성취감을 얻고 싶었지만, 그렇게 생각하는 것만으로도 잘못된 엄마나 아내라는 죄책감에 시달려야 했습니다. 그렇게 해서 병이 나게 되었고 점점 깊어지게 된 것입니다.

당시 의사들이 병의 원인을 제대로 찾지 못해 치료를 할 수 없게 되자 병을 앓는 여성의 수는 점점 더 늘어나 심각한 사회 문제가 되었습니다. 그런데 학자들이나 의사들은 여성들이 왜 아픈지 이유를 찾아내 고쳐 주려 하지 않고 오히려 여성들을 비난하고 나섰습니다. 그들은 여성들이 교육을 많이 받아 남성과 동등해지려 하고 독립심이 생겨 그런 것이라며, 여성답지 못해 생긴 병이라고 오히려 원인을 여성에게 돌리며 공격했습니다. 또 어떤 사람들은 학교가 현모양처 교육을 제대로 하지 못해 그렇게 된 것이라며 학교 교육을 문제 삼아 비판하기도 했습니다.

이런 상황에서 가정주부들이 왜 아픈지 이유를 알아내 책으로 펴낸

시대에 따른 광고의 변화

과거, 음식에 넣는 조미료를 선전하는 광고는 이상적인 가정주부가 무엇인지 보여 주는 상징이라고 할 수 있다. 맛있는 음식을 만들어 식탁에 차려 놓고 일에 지친 남편이 돌아오기를 기다리거나, 아이들이 즐겁게 뛰어노는 모습을 보며 음식을 만드는 행복한 어머니의 모습이 담겨 있었다.

그러나 최근 사회로 진출하여 자신의 꿈을 펼치기를 원하는 여성들의 수가 늘어나면서 광고의 내용이 점차 변하고 있다. 어떤 경우에는 오히려 남자가 여자를 위해 음식을 만들고 준비하는, 이전에는 상상할 수도 없었던 모습을 볼 수 있다.

우리나라 한 식품회사의 간장 광고 (2009년)

배티 프리단
≪여성의 신비≫란 책을 쓰고 미국 여성운동 단체인
'NOW'를 만들었다.

사람이 있었습니다. 바로 '베티 프리단'이라는 여성이었습니다. 프리단
은 자신의 대학 동창들을 비롯해 다른 많은 여성들을 만나 이야기를 나
눈 끝에, 병의 원인이 여성답지 못해서가 아니라 일을 하지 못한 데서
온 것이라는 사실을 알아냈습니다. 남자들이 주장하는 것과 같이 여자
들이 교육을 많이 받아서가 아니라 그것을 활용할 수 없었기 때문에 생
긴 병이었습니다. 이렇게 의사들도 제대로 알아내지 못했던 진짜 이유
를 프리단이 알아낼 수 있었던 것은, 그녀도 바로 같은 병을 앓았기 때
문입니다.

결혼하기 전 프리단은 심리학자가 되려고 했습니다. 성적도 뛰어나 대
학원 박사과정에 진학할 때에는 장학금을 받기로 되어 있었습니다. 그
런데 결혼을 약속한 남자친구가 프리단이 박사가 되는 것을 원하지 않아

미국 여성해방운동 단체인 NOW의 표식

진학을 포기해야 했습니다. 그녀 역시 당시 다른 여자들처럼 사랑과 결혼이 더 중요하다고 생각해 진학을 포기하는 결정을 내렸던 것입니다. 그렇지만 프리단은 결혼을 하거나 아이를 낳으면 회사를 그만두는 다른 여성들과는 달리, 결혼한 뒤 한동안 직업을 가지고 일을 했습니다. 그러다 둘째아이를 임신하면서 직장에서 해고를 당하게 되었고, 그 후 가정주부로 살아야 했습니다. 직업을 잃고 남편에게 의존해 살면서 프리단은 마치 자기 자신을 잃어버린 것 같은 깊은 상실감을 느꼈습니다. 그러면서 그녀 또한 다른 주부들처럼 우울증을 앓았던 것입니다.

자신의 직접적인 체험을 통해 왜 여성들에게 병이 생기는지를 알아낸 프리단은 이 사실을 ≪여성의 신비≫라는 책에 썼습니다. 이 책에서 프리단은 자신의 존재 가치는 다른 사람을 통해서는 인정받을 수 없다며, 병을 고치기 위해서는 여성에게도 일할 기회를 주어야 한다고 주장했습니다.

이 책이 출판되자 미국 전역에서 그야말로 불티나게 팔려 나갔습니다. 어머니나 가정주부 역할만으로는 행복을 찾을 수 없었던 많은 여성들이 프리단의 책을 읽고는 마치 자신들의 이야기를 대신해 주는 것처럼 여기며 그녀의 생각에 동조하고 공감을 표시했습니다. 그리고 전국에서 프리단의 주장에 뜻을 같이하는 여성들이 모이기 시작했습니다. 이들 여성들과 함께 프리단은 '전미여성단체(NOW)'라는 여성운동 단체를 조직했습니다.

이 단체에 참여한 사람들은 여성에게도 일할 기회를 주고 여성을 차별하지 말라는 주장을 하기 시작했습니다. 이들은 백악관 앞에 모여 시위를 하며 대통령에게도 자신들의 요구를 전달했습니다. 결혼에서 행복을 찾을 것이라는 생각과 믿음이 환상에 불과하다는 것을 알게 된 여성들은, 더 이상 가정주부나 현모양처 역할로만 살기를 거부하고 자신의 일을 갖겠다고 행동하기 시작한 것입니다.

이때를 시작으로 여성들의 생각이 바뀌면서 직업을 갖고 사회로 진출하는 여성의 수가 증가하기 시작했습니다. 당시 미국 여성 취업률은 38%에 불과했지만, 지금은 거의 두 배에 이르는 70% 정도의 여성들이 직업을 갖고 사회에 참여하고 있습니다.

2

여성과 일

취업은 필수, 결혼은 선택

불과 50년 전만 해도 영화 〈모나리자 스마일〉에 나오는 것처럼 현모양처는 이상적인 여성의 삶이었습니다. 그 때문에 직업을 가지고 일을 하는 여성들은 가정에 소홀한 '이기적인 엄마'라는 비난을 받고 죄책감에 시달여야 했습니다. 심지어 사람들은 일하는 여성은 보호해 줄 남자가 없어서 그런 것이라며 불쌍하게 여기기까지 했습니다. 그러나 지금은 여성들의 생각이 확 바뀌었습니다. 결혼보다는 일에서 성공하기를 원하는 여성들의 수가 점점 더 늘어나고 있습니다. '행복한 가정주부'가 되어 남편과 아이들을 돌보는 삶을 살기보다 직업을 더 소중하게 생각하며, 자신이 정말 하고 싶은 일을 찾아 사회적으로 인정받고 싶어합니다.

영국의 '미래학연구소'라는 곳에서 조사한 연구에 따르면, 여성들의 생각이 얼마나 변화하고 있는지 아주 분명하게 드러납니다. 결혼하여 아내나 어머니가 되기보다 일에서 성공을 원하는 여성들의 수가 점점 더 증가하고 있는데, 이런 현상은 특히 20대 여성에게서 더욱 뚜렷하게 나타난다고 합니다. 어떤 여성들은 성공을 위해서라면 30대 중반까지도 결혼을 미루고 자신의 일에 집중하겠다는 의지를 보이기도 합니다. 남자들이 사회에서 성공하기를 원하는 것처럼 여자들도 사회에서 성공하고 당당하게 인정받기를 원하는 것입니다.

이런 현상은 영국에서만 볼 수 있는 것이 아니라 우리나라에도 비슷하게 나타납니다. 우리나라 20대 여성들도 꼭 결혼할 필요가 없다고 응답하며 결혼을 중요하게 여기지 않는 것으로 조사되었습니다. 여대생들을 대상으로 질문을 해봐도 이런 현상은 비슷합니다. 졸업 후 취업을 하려는 학생들이 대부분이고, 취업을 결혼보다 우선으로 생각합니다. 요즘은 영화 〈모나리자 스마일〉에 나오는 학생들처럼 졸업하면 자신의 일을 찾지 않고 결혼을 하겠다는 학생은 오히려 찾아보기 힘듭니다. 또 지금의 여학생들은 결혼을 하더라도 직장을 그만두지 않고 계속해서 다니겠다고 말합니다.

이처럼 자신의 일을 갖고 사회에서 성공하고 인정받고자 하는 여성들의 욕망은 높아 가고 있습니다. 그런데 문제는 사회로 들어가는 관문인 취업을 하려고 할 때, 여자라는 이유로 많은 차별을 당한다는 사실입니다. 다행히 취업에 성공해도 자신의 뜻대로 계속 일을 해나가는 것이 쉽지 않습니다. 왜 이런 문제가 생기는지, 그리고 여성들이 어떤 어려움을 겪고 있는지 살펴보도록 할까요?

일하는 여성의 성차별

우리나라 여성의 취업률은 매우 낮습니다. 이러한 사실은 선진국과 비교해 보면 아주 극명하게 드러납니다. 통계청 조사에 따르면, 2015년 현재 우리나라 여성 중 일하는 여성의 비율은 51.8%로 OECD 평균에도 미치지 못합니다. 북유럽 복지국가의 여성 취업 비율은 70%를 넘어 우리보다 20% 이상 높습니다. 취업률이 가장 높은 아이슬란드는 약 80%로 30% 정도 차이를 보입니다. 우리와 문화가 비슷하고 지리적으로 가까운 일본과 비교해도 10% 이상 낮은 것으로 확인됩니다.

이처럼 우리나라 여성의 취업률이 낮은 것은 앞서 말한 것처럼 여성이라는 이유로 차별을 당하기 때문입니다. 회사에서 직원을 뽑는 일을 하

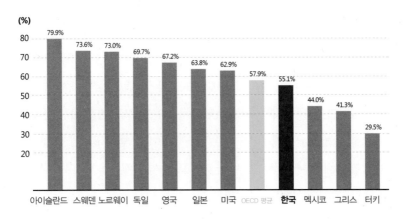

국가별 여성 경제활동 참가율 (2014년)

자료: OECD

는 인사담당자들을 대상으로 조사한 어느 신문 기사에 따르면, 시험으로만 뽑을 경우 시험성적이 더 좋기 때문에 여학생이 더 많이 선발된다고 합니다. 그런데 회사에서는 서류전형이나 면접 때 여학생을 탈락시키는 방법으로 남학생들을 더 많이 뽑는다고 합니다. 심지어 어떤 회사에서는 여학생은 아예 뽑지도 않고 남학생만 선발한다고 합니다. 능력이 부족해서가 아니라 여자라는 이유로 일할 기회조차 주지 않는 것입니다. 그래서 여학생들이 취업에 필요한 자격조건을 의미하는 '스펙'에서 최고의 스펙은 남자라고 자조적으로 말하기도 합니다.

이처럼 취업에서 차별을 받자 객관적인 시험성적으로 평가받는 공무원 시험에 여성들이 몰려가 '양성평등 채용목표제'에 따라 오히려 점수가 낮은 남자가 추가 합격되는 일도 생겨나고 있습니다. '양성평등 채용목표제'는 여성이나 남성 중 어느 한 성이 합격자의 70%를 넘지 않게 하는 제도인데, 여성 합격자의 수가 70%를 넘어 점수가 더 높은 여자가 떨어지고 점수가 낮은 남자가 합격되는 일이 일어나는 것입니다.

취업과정에서뿐 아니라 취업한 후에도 여성들은 차별을 받습니다. 똑같은 일을 하더라도 여성은 남성에 비해 적은 임금을 받습니다. 이것을 '성별 임금격차'라고 하는데 고용노동부에 따르면, 2015년 기준으로 만약 남자가 1,000원을 받는다면 여성은 637원 정도의 임금밖에 받지 못한다고 합니다. 우리나라는 OECD 참가국 가운데 그 격차가 가장 큰 국가에 속하여 불평등이 매우 심각합니다. 세계경제포럼(WEF)이 한 조사에서 격차가 작은 나라에서 큰 나라 순으로 순서를 매겼을 때, 우리나라는 세계 116위에 해당된다고 합니다.

패트리샤 아퀘트
여성에게 동일임금을 주어야 한다는
수상 소감을 말하고 있다.

임금으로 여성을 차별하는 일은 다른 나라에도 있지만 그 차이는 우리나라보다 작습니다. 가장 격차가 작은 나라는 아이슬란드로 1,000 대 881 정도입니다. 우리나라와 비교하면 그 격차가 훨씬 작은데도 선진국의 여성들은 똑같은 노동을 할 경우에 똑같은 임금(동일가치노동 동일임금)을 받아야 한다며 이 차이를 없애 주길 계속 요구하고 있습니다. 2015년 아카데미 시상식에서 여우조연상을 받은 '패트리샤 아퀘트'라는 배우는 수상소감을 말하는 자리에서 여성에게 동일임금을 주어야 한다고 말해 참석자들의 큰 호응과 주목을 받기도 했습니다.

승진에서도 차별을 당하는데, 같이 회사에 입사하여 똑같은 일을 해도 남자들이 먼저 승진하는 경우가 많다고 합니다. 게다가 여성들은 남성들에 비해 '비정규직'이라는 불안한 취업 형태로 일하는 비율이 더 높습니다. 비정규직은 법의 보호를 제대로 받지 못하는 취업입니다. 똑같은 시간을 일해도 정규직에 비해 터무니없이 적은 임금을 받고 언제 해

고될지 모르는 불안정한 취업입니다. 우리나라는 비정규직 비중이 매우 높아 OECD 국가 가운데 최고 수준을 보이는데, 2013년 현재 비정규직 비중은, 여성 57.5%, 남성 37.5%로 여성이 훨씬 더 불안한 상황에 처해 있습니다. 더 심각한 것은 학력이 높을수록 여성의 비정규직 비율이 높아 선진국과 반대현상을 보인다는 점입니다.

그러면 일하고 싶은 의지도 강하고 능력도 있는 여성들이 왜 이렇게 차별을 당할까요? 많은 이유가 있지만 그 중 가장 큰 이유는 아직까지도 우리 사회가 여성의 능력을 의심하기 때문입니다. 그래서 직장에 다니는 여성들 가운데는 남자와 똑같은 인정을 받으려면 몇 배나 더 잘해야 한다는 자조적인 말을 하는 사람도 있습니다.

여성들이 차별을 당하는 또 다른 이유는 아직까지도 많은 사람들이 가족의 생계를 책임지는 것은 남자의 일이고, 가족을 돌보고 아이를 키우는 일은 여자의 일이라고 생각하는 데 있습니다. 그래서 회사에서는 여성들은 결혼하고 아이를 낳으면 직장을 그만둘 것이라고 생각하여 가능한 뽑지 않으려 합니다. 회사에서 직원을 뽑으면 그 사람이 회사 일에 숙달될 때까지 훈련을 시켜야 합니다. 훈련을 시키는 데에는 비용과 시간이 많이 듭니다. 그런데 많은 돈과 시간을 들여 훈련시켜 놓았는데 그 직원이 사표를 내고 나간다면, 회사에서는 또 사람을 뽑아야 하고 그만큼 손해를 보게 됩니다. 그러다 보니 회사에서는 여성은 결혼을 하면 직장을 그만둘 확률이 높다고 생각해 남자를 우선하여 뽑는 것입니다.

대학을 갓 졸업한 시기에 해당하는 20~29세 사이 여성의 취업률은 2015년의 경우 64.4%로 여성 평균 취업률 51.8%보다 높습니다. 그러나

능력에 대한 착시

2013년 미국의 예일대는 이공계 분야에 있는 성차별을 확인하기 위해 한 가지 실험을 하였다. 똑같은 내용의 이력서에 하나는 '존'이라는 남자 이름을 적고, 다른 하나에는 '제니퍼'라는 여자 이름을 적어 유명한 교수들과 실험실에 보내 누가 더 경쟁력이 있는지, 봉급을 얼마를 받을 수 있는지 등을 평가해 줄 것을 부탁하였다.

그랬더니 놀라운 결과가 나타났다. 경력이나 업적 등 모든 것이 똑같고 다른 것은 오직 이름뿐이었는데, 모든 교수와 연구실에서 존을 더 경쟁력 있는 사람이라 생각하고 월급도 더 주고 싶어 하는 것이었다. 높은 전문성이 요구되는 이공계 분야에서조차도 여자와 남자라는 성별에 따라 능력을 차별적으로 판단하여, 여성이 얼마나 불리한 위치에 있는지를 잘 보여 준다.

편견이 사라져야 평등한 세상이 열립니다.
양성평등교육진흥원 포스터 공모전에서
입선한 작품

결혼하여 아이를 낳고 양육하는 시기가 되면 많은 여성들이 회사를 퇴직하여 취업률이 하락하게 됩니다. 다음 페이지의 〈성별·연령별 경제활동 참가율〉 그래프를 보면 그런 사실을 확인할 수 있습니다. 이러한 현상은 선진국에서는 나타나지 않고 후진국에서 나타나는 현상입니다. 선진국에서는 아이를 낳고 양육하는 시기에도 여성들이 퇴직하지 않고 일을 하기 때문에 취업률이 크게 떨어지지 않습니다.

그렇다면 어느 정도 경제성장을 하여 선진국 진입을 눈앞에 두고 있다는 우리나라에서 왜 이런 일이 벌어지는 것일까요? 그 이유는 여성들이 결혼을 하고 아이를 낳더라도 아이를 안심하고 맡길 육아시설이나 지원 정책이 부족하기 때문입니다. 직장에 다니는 대다수의 여성들은 아이를 낳더라도 안심하고 맡길 수 있는 육아시설이 있다면 회사를 떠나지 않으려 합니다. 그런데 아직 그런 시설이 충분하지 않은 것이 우리나라의 현실이어서 할 수 없이 자신의 꿈을 접고 직장을 떠나는 것입니다.

이처럼 결혼하고 아이를 낳은 여성들이 직장을 떠나는 이유는 사회가 제대로 뒷받침하지 못하기 때문입니다. 그래서 결혼한 여성들이 어쩔 수 없이 직장을 떠나는 선택을 하는 것입니다. 그런데도 회사에서는 여성들이 직장에 대한 책임감이 약해 그런 것처럼 취급합니다. 이런 선입견 때문에 새로 직원을 뽑을 때 여성을 피하게 되고, 그것은 다시 여성을 차별하는 악순환이 되어 여성의 취업을 더욱 어렵게 만듭니다. 법을 고치고 문화를 바꾸려는 노력은 하고 있지만 아직 많이 부족합니다.

그러면 선진국에서는 어떻게 하고 있을까요? 선진국에서는 여성들이 아이 양육문제 때문에 직장을 그만두는 일이 없도록 나라에서 좋은 시설과 제도를 마련하여 지원하고 있습니다. 스웨덴에서는 아이를 키우는 여성들이 회사를 그만두지 않고 일하도록 국가가 앞장서서 많은 지원을 합니다. 집과 가까운 곳에 좋은 육아시설을 만들어 누구나 쉽게 이용하도록 합니다. 육아시설을 이용하는 비용도 국가에서 많은 지원을 합니다. 만약 육아시설을 이용하지 않고 집에서 직접 키우고 싶다면 육아 도우미를 고용하는 비용도 국가에서 지원합니다.

아이를 낳은 후에 엄마가 아이와 더 친해지기 위해 자신이 직접 키우고 싶다면, 16개월 동안 육아휴직이라는 휴가를 신청할 수 있습니다. 육아휴직 이후에는 안심하고 이전 직장으로 돌아갈 수 있습니다. 물론 우

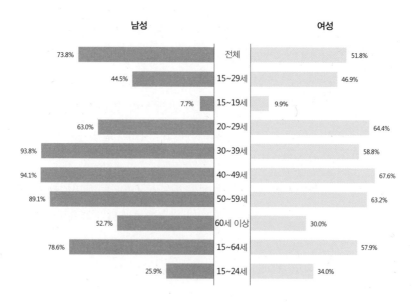

성별·연령별 경제활동 참가율 (2015년)

자료: 국가통계포털(KOSIS)

남성		여성
73.8%	전체	51.8%
44.5%	15~29세	46.9%
7.7%	15~19세	9.9%
63.0%	20~29세	64.4%
93.8%	30~39세	58.8%
94.1%	40~49세	67.6%
89.1%	50~59세	63.2%
52.7%	60세 이상	30.0%
78.6%	15~64세	57.9%
25.9%	15~24세	34.0%

리나라에도 육아휴직 제도가 있습니다. 그러나 육아휴직을 사용하는 여성들의 수는 많지 않습니다. 육아휴직을 쓸 경우 혹시 회사로 다시 돌아가지 못하거나 불이익을 당하지 않을까 걱정되기 때문입니다. 실제로 그런 사례들이 많이 있어 안정된 직장이 아니라면 육아휴직을 쉽게 사용할 수 없는 것이 우리나라의 현실입니다.

스웨덴의 육아휴직 제도에서 좋은 점은 16개월 중 2개월은 반드시 아빠가 사용하도록 정하고 있다는 점입니다. 이렇게 한 것은 아빠도 아이를 기르는 일에 참여하고 아이와 친해질 기회를 주기 위해서입니다. 만약 아빠가 2개월을 사용하지 않으면 육아휴직은 14개월로 줄어듭니다. 이런 제도를 만들자 많은 아빠들이 육아휴직을 사용하고, 그 숫자는 점점 더 늘어나고 있습니다. 아빠들도 육아휴직을 사용하면서 '아이를 키우는 일은 엄마(여성)만의 책임이 아니라 아빠(남성)들도 같이하는 일'이라는 인식을 가지게 해, 여성들의 양육 부담이 크게 줄어들었습니다.

스웨덴의 아빠들이 처음부터 아이 돌보는 일을 같이한 것은 아닙니다. 그래서 정부는 아빠와 아이가 함께 노는 영상물을 만들어 텔레비전에 방영하며 아빠의 육아참여를 이끌어 내기 위해 노력하였습니다. 그 결과 스웨덴의 길거리에는 유모차를 밀고 다니거나 아이와 같이 장을 보는 아빠의 모습을 흔하게 볼 수 있습니다.

스웨덴 남자들이 육아를 어떻게 생각하는지 보여주는 재미있는 에피소드가 하나 있습니다. 언젠가 우리나라 방송에서 스웨덴의 육아모임을 취재한 적이 있는데, 우리나라 기자가 거기 참여한 한 아빠에게 '엄마의 일을 대신하는 기분이 어떠냐?'고 묻자, 육아는 '엄마의 일'이 아니라 '부

육아를 함께하는 스웨덴 아빠의 모습

모의 일'이라며 기자가 용어를 잘못 선택했다고 고쳐 주었습니다. 훌륭한 국가 지원에 더해 아빠들 또한 육아를 당연하게 생각하니 엄마들이 부담 없이 계속 일할 수 있는 것입니다.

스웨덴은 여성들이 육아문제로 직장을 그만두지 않도록 지원하는 것뿐만 아니라 취업을 할 때도 차별하지 못하도록 법으로 강하게 규제하고 있습니다. 그래서 어떤 직장에서 사람을 뽑을 경우, 남자직원이나 여자직원 중 어느 한 성이 60%를 넘으면 안 된다는 규정을 정해 여성들도 차별받지 않고 취업할 수 있도록 하고 있습니다.

이웃 국가 노르웨이의 경우에도 일하는 엄마들이 보육시설을 안심하고 사용하도록 보육시설 이용에 필요한 돈을 나라에서 직접 대주고 있습니다. 출산휴가도 3개월만 쓸 수 있는 우리나라와 달리 최대 1년까지 쓸 수 있도록 하여 아이를 마음 놓고 돌볼 수 있게 합니다.

북유럽의 복지 선진국에서는 이렇게 국가와 사회가 여성들이 아이를 키우면서도 불편 없이 일할 수 있는 환경을 만들어 주기 때문에 여성의

덴마크 아빠 육아모임

덴마크에서는 아빠들의 육아모임이 유행일 정도로 아빠의 육아 참여가 매우 활발하다. 아빠 육아모임 중 하나인 '월요 아빠모임'은 20년 가까운 오랜 역사를 가지고 있으며, 국가는 이 모임에 예산을 지원한다.

'월요 아빠모임'은 1996년 엄마들의 육아모임은 있지만 아빠들의 육아모임은 없는 것을 바꿔 보고자 다섯 명의 아빠가 일주일에 한 번씩 만나 모임을 한 데서 시작되었다. 모임이 시작되자 육아에 관심을 가진 아빠들의 가입이 늘어나 지금은 약 4,000명 정도의 아빠들이 참여하고 있다고 한다. 수도 코펜하겐을 비롯하여 여러 도시에서 이 모임이 이루어지고 있다.

덴마크에서는 80% 이상의 아빠가 육아 휴직을 하고 아이 돌보는 일을 같이 한다.

덴마트의 육아 휴직 구조

• 엄마와 아빠의 의무 휴직과 추가 사용 가능한 휴직을 모두 합하면 52주가 된다. 자료 : 덴마크 고용부

2013년 덴마크 아빠들의 육아휴직 이용률

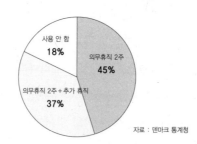

자료 : 덴마크 통계청

취업률이 높은 것입니다. 이런 제도를 통해 우수한 여성인력을 잘 사용하는 것은 결과적으로 인적 낭비를 막는 것이고, 그것을 바탕으로 사회는 더 큰 발전을 할 수가 있겠지요.

앞서 비교해 보았듯이 우리나라 여성의 취업률은 선진국에 비해 턱없이 낮습니다. 하지만 교육수준은 OECD 참여 국가 중 최고 수준에 해당합니다. 교육수준은 높은데 취업한 여성의 비율이 낮다는 것은 개인이나 국가가 그만큼 손해를 보고 있다는 것을 뜻합니다. 한 사람이 대학을 졸업하기까지는 등록금을 포함하여 많은 비용과 시간이 들어갑니다. 그 비용을 다시 돌려받기 위해서는 사회에 참여하여 일을 할 수 있는 기회를 주어야 합니다. 그런데 우리나라는 여성들의 취업률이 상대적으로 낮아 국가적으로, 또 개인적으로 엄청난 낭비를 하고 있는 셈입니다.

보이지 않는 장벽 '유리천장'

아마 '알파걸'이라는 단어를 들어본 적이 있을 것입니다. 잘 알다시피 알파걸은 남학생보다 더 똑똑하고 유능한 여학생을 이르는 말입니다. 성차별이 심했던 과거에는 오빠나 남동생을 위해 자신을 꿈을 희생한 여성들이 많았습니다. 그러나 요즘은 아이를 많이 낳지 않고 한두 명씩만 낳다 보니 부모들은 성별에 상관없이 할 수 있는 한 모든 지원을 하여 자식들이 꿈을 펼 수 있게 도와주려고 합니다. 그러다 보니 유능하고 여러 능력을 가진 알파걸들이 많이 나타나고 있습니다.

이렇게 차별 없는 지원을 받다 보니 여학생들의 성적은 해마다 올라가 상위권을 차지하는 여학생들의 수가 점점 늘어나고 있습니다. 남녀 공학의 경우, 상위권에 속하는 여학생 수가 상대적으로 더 많아 남학생의 학부모 가운데는 자기 아이가 성적에 불이익을 받지 않을까 염려하여 남녀 공학을 기피하는 현상까지 나타난다고 합니다. 대학에서도 이와 비슷한 일이 벌어지는데, 학생들이 사용하는 인터넷 게시판을 보면 강의를 신청할 때 여학생들이 많이 들어오는 수업인지 아닌지를 확인하는 남학생들이 있다고 합니다. 여학생들이 점수를 더 잘 받기 때문에 만약 여학생들이 많이 듣는 수업이라면 대신 다른 수업을 선택하려는 것입니다.

이처럼 우수한 능력을 가진 알파걸들이 등장하고 그 수가 점점 늘어나고 있는데도 사회에 진출하고 나면 이들의 존재가 사라지고 보이지 않습니다. 그래서 '알파걸은 있는데 알파우먼은 없다'는 말이 여성들 사이에서 탄식처럼 흘러나오고 있습니다. 왜 알파우먼은 없을까요? 그 많던 알파걸들은 어디로 사라진 것일까요? 그것은 아직까지 우리 사회 곳곳에 여성에 대한 차별이 존재하기 때문입니다. 이런 차별로 인해 알파걸들이 알파우먼으로 성공하지 못하는 것입니다.

여성들은 낙타가 바늘구멍을 지나가는 것보다 더 어렵다는 취업에 성공해도 승진할 때 많은 차별을 받습니다. 물론 법에서 성별을 이유로 한 차별을 금지하여 과거보다는 줄어들었습니다. 그러나 많은 여성들이 드러나지는 않지만 보이지 않는 장벽에 막혀 승진이나 성공에 어려움을 겪습니다. 눈에 보이지는 않지만 존재하는 장벽이라는 뜻에서 이 벽을 '유리천장'이라 부릅니다. 마치 투명한 유리처럼 없는 것 같지만 분명히 있다는 의미에서 이렇게 부르는 것입니다. 바로 이 유리천장이 사회 곳곳에서 여성들의 성공을 방해하고 가로막아 알파우먼이 되지 못하고 있습니다.

여성들이 유리천장 때문에 고위직으로 진출하거나 성공하는 데 장애를 겪자 선진국에서는 사회적으로 이 천장을 없애려는 노력을 많이 하고 있습니다. 미국에서는 '캐털리스트'라는 조직이 있어서 회사에 다니는 여성들이 높은 자리로 승진하지 못하는 이유가 무엇인지 조사하여 없애려 합니다. 해마다 4월이 되면 캐털리스트는 회사마다 고위직에 어느 정도나 여성을 뽑는지를 조사하여 그 결과를 발표합니다. 그런 다음 고위직으로 승진한 여성이 많은 회사를 선정하여 상을 줍니다.

여성들이 고위직에 많이 진출하면 할수록 회사의 이익이 높아진다고 합니다. 실제로 고위직에 여성이 많은 회사일수록 성과가 훨씬 더 좋은 것으로 알려지고 있습니다. 캐털리스트가 조사한 결과에 따르면, 고위직으로 승진한 여성의 수가 많은 회사일수록 회사의 이윤이 거의 두 배 가까이나 올라간다고 합니다.

이렇게 사회단체가 유리천장을 없애려는 노력을 하는 나라도 있지만, 놀랍게도 국가가 먼저 앞장서 유리천장을 없애려는 나라가 있습니다. 노르웨이가 바로 그 나라입니다. 노르웨이는 세계에서 가장 먼저 기업체의 고위직 임원 여성비율을 40%까지 올리는 대기록을 세워 세계를 놀라게 했습니다. 이 기록은 국가가 앞서 '여성임원 40% 할당제'를 만들어 기업을 이끌었기 때문에 가능한 일이었습니다.

'여성임원 40% 할당제'는 2002년 회사 경영자 출신의 '가브리엘슨'이라는 정치인이 처음 제안했습니다. 가브리엘슨은 회사들이 여성을 더 많이 고용하고 여성임원의 비율을 늘려야 한다고 주장했습니다. 가브리엘슨이 이런 주장을 한 이유는 남성들만 임원이 되면 남성의 의견만 회사에 반영되기 때문에 소비자인 여성의 생각을 알 수가 없어 결과적으로 기업의 경쟁력이 약해진다는 점을 걱정했기 때문입니다. 요즈음 직업을 가지고 돈을 버는 여자의 수가 많아지고 있어 소비자인 여자의 욕구가 무엇인지 아는 것이 매우 중요합니다. 또 조직의 경쟁력에 대해 연구하는 학자들에 의하면, 회사와 같은 조직이나 집단에 여성들이 많이 참여할수록 남자와 경험이 다른 여자들이 다양한 의견을 내놓기 때문에 경쟁력이 더 높아진다고 합니다. 이런 점을 안 노르웨이 정부는 기업경쟁력을 위해 더 많은 여성들이 고위직에 진출할 수 있도록 '여성임원 40% 할당제'라는 제도를 만들어 실행하도록 요구한 것입니다.

가브리엘슨이 처음 이런 제안을 했을 때, 많은 기업들이 여성들은 경험이 부족하고 능력 있는 여성들의 수가 적어 도저히 정부가 시키는 대로 할 수 없다며 강하게 반대했다고 합니다. 이렇게 기업들이 반대하자 노르웨이 정부는 만약 이 법을 위반하면 회사의 문을 닫아야 할 정도로 강한 처벌을 하겠다며 오히려 더 강한 태도를 보였다고 합니다. 국가가 이처럼 강력한 의지를 보이자 기업들도 어쩔 수 없어 뜻에 따르기로 하고 여성 인재를 찾기 시작했습니다. 그리고는 이들을 대상으로 경영과 리더십 교육을 하고 그 중에서 유능한 여성 인재를 발굴해 임원으로 승진시켜 마침내 결실을 보게 된 것입니다.

그러면 우리나라는 어떨까요? 우리나라는 일본과 함께 세계에서 여성이 승진하기 가장 어려운 나라에 속합니다. GMI 레이팅스라는 국제기관이 조사한 것을 보면, 2013년 한국 기업의 여성임원 비율은 1.9%로 조사국 중 꼴찌에서 두 번째라고 합니다. 일본이 1.1%로 꼴찌입니다. 이러니 알파걸들이 사라질 수밖에 없는 것입니다.

남성의 무거운 짐, '가장'

혹시 '가족임금제'라는 말을 들어본 적이 있나요? 남편이 직장에 나가 번 돈으로 가족 전체를 먹여 살리는 것을 가족임금제라고 하는데, '가장家長'이라는 말은 여기에서 비롯되었습니다. 남편이 가족 전체의 생계를 책임지기 때문에 '가장'이라고 하는 것입니다. 가족임금제는 산업혁명 이후 19세기 후반에 생겨났습니다. 산업혁명 이전에는 가족 구성원 모두가 농사를 짓거나 물건을 만드는 일을 함께 해야 했기 때문에 남편이 생계를 책임지는 가족임금제는 성립될 수 없었습니다. 그러다 산업혁명으로 공장이 생기고 남성이 공장에 취업하여 임금을 벌어오는 경제적 주체가 되면서 가족 임금제가 생겨나기 시작했습니다.

이렇게 생겨난 가족임금제는 2차 세계대전 이후 전쟁으로 파괴된 시설을 다시 건설하느라 세계 경제가 호황을 누리던 시기까지는 어느 정도 잘 유지되었습니다. 그러나 1970년대에 들어와 전후복구가 완성되면서 경제 성장이 느려지자 무너지기 시작했습니다. 남편 혼자의 수입에 의존하여 사는 것이 힘들어지고, 부족한 수입을 보충하기 위해 취업하는 여성들의 수도 늘어나기 시작했습니다. 그와 함께 학력 수준이 높아진 여성들이 적극적으로 사회참여 의지를 보이면서 직업을 가진 여성들의 수는 더욱더 늘어나고 있습니다.

과거에는 직업을 가진 여성은 일부에 불과하여 대부분 남성에게 의존하여 살 수밖에 없었습니다. 그러나 지금은 많은 여성들이 직업을 가지고 사회활동에 참여하고 있습니다. 그런데 여성들 또한 직업을 가지고 돈을 버는 일을 하면서도 아직까지 가족의 생계를 책임지는 사람은 남성(남편)이라고 생각합니다.

가정을 꾸려가고 가족의 생계를 부담하는 일은 남자 혼자만의 책임이 아닙니다. 가족을 부양하는 일은 가족을 구성하는 부부가 함께 해야 하는 공동의 책임입니다. 남자가 가장이라는 생각은 여성들이 직업을 갖지 않고 가정주부를 이상적인 삶으로 생각하던 시대의 유물입니다. 여자들도 평생 동안 직업을 갖고 사회활동을 하기를 원한다면 마땅히 생계의 책임도 함께 나누어야 합니다.

우리는 남자를 가장이라고 생각하지만 가장을 누구로 생각하는지는 문화에 따라 다릅니다. 중국에 있는 소수민족인 자바 부족은 여자를 생계를 책임지는 가장으로 생각합니다. 그래서 여자들이 힘든 일을 도맡아 하고 농사를 지어 가족을 부양합니다. 여자들이 따가운 햇볕 아래서 힘들게 밭일을 하고 무거운 보리 짐을 등에 지고 언덕길을 힘겹게 올라가도, 남자들은 그늘에 앉아 놀면서도 도와주지 않습니다. 가장은 여자이기 때문입니다. 이렇듯 가장의 역할은 성별에 따른 것이 아니라 사회문화에 의해 부여되는 것입니다.

과거 우리 사회에서는 남자가 가장이 되어 가족의 생계를 책임지는 것이 당연하다고 생각했습니다. 그래서 남자들은 아주 어릴 때부터 가장이 되어 가족을 먹여 살려야 한다는 말을 들으며 자랍니다. 그런데 가족의 생계를 책임지는 가장이 되어야 한다는 사실은 남자들에게 많은 부담을 줍니다. 남자 대학생들에게 고민이 무엇인지 물어 보면 '가장이 되어 가족의 생계를 책임져야 한다'는 부담이 심리적으로 가장 힘들다고 대답합니다.

옛날에는 대학을 졸업하면 누구나 어렵지 않게 취업을 할 수 있어서 부담 없이 가장이라는 역할을 당연한 것으로 받아들일 수 있었습니다. 그러나 지금은 취업이 매우 어렵고, 취업을 하더라도 경제 상황에 따라 언제 회사를 그만두게 될지 모르기 때문에, 가장이 되어야 한다는 사실은 남자들에게 심한 압박감을 줍니다. 그 때문에 결혼 상대자를 선택할 때 맞벌이를 원하는 사람들이 늘어나고 있는 것입니다. 부부가 다 같이 직업을 가지고 있으면 아무래도 생계 부담을 줄일 수 있기에 이런 선택을 하려는 것이지요.

가장이라는 책임이 얼마나 무겁게 느껴졌으면, 요즘에는 만약 부인이 돈을 잘 버는 전문직 여성이라면 거꾸로 자신이 주부가 되어 집안일을 대신할 수 있다는 남학생들도 있습니다. 이런 고충을 토로하는 것을 보면 '남자는 곧 생계부양자'라는 생각은 이제 바뀌어야 하지 않을까요? 그런 생각에서 벗어날 때 남자들은 무거운 마음의 짐을 내려놓을 수 있고, 이런 부담을 서로 나누어 가질 때 더 행복한 부부생활을 누리게 될 것입니다.

미래를 위한 준비

사회에 참여하고 직업을 가지는 일은 남자에게만 중요한 것이 아닙니다. 여자에게도 똑같이 중요한 일입니다. 많은 학자들의 연구에 따르면, 직업을 갖고 일을 하는 여성들이 그렇지 않은 여성에 비해 신체적으로도 정신적으로도 더 건강하다고 느끼며 자기 자신에 대해 긍정적으로 생각한다고 합니다. 특히 결혼한 여성의 경우, 직업이 있는 여성일수록 직업이 없는 여성에 비해 자부심이 강하고 더 많은 행복감을 느낀다는 연구결과도 있습니다. 또 일하는 여성은 딸에게 역할 모델이 되어 딸이 미래의 직업 계획을 세우는 데 긍정적이라는 조사도 있습니다. 여성이 직업을 가지고 경제활동을 많이 하는 나라일수록 여성들이 사회적으로 존중을 받고 많은 영향력을 발휘합니다.

최근 정보통신 기술이 발달하면서 여성을 필요로 하는 일들이 많이 생기고 있습니다. 정보통신 기술을 다루는 일은 섬세하고 꼼꼼한 성격을 필요로 하여 여성에게 더 유리하다고 합니다. 그래서 공학 분야 중 여성의 진출이 다른 분야에 비해 상대적으로 더 높고 유명한 여성 경영인들도 많이 배출하고 있습니다. 휴렛팩커드사(HP)*의 '칼리 피오리나'나 제록스사*의 '앤 멀케이' 그리고 이베이*의 '맥 휘트먼'과 같은 여성들이 그 예입니다.

이처럼 새로운 산업이 생겨나면서 여성을 필요로 하는 직업이 늘어나는 까닭에 어떤 학자들은 21세기를 '여성화된 시기'라 말하기도 합니다. '헬렌 피셔'라는 인류학자도 여자들은 여러 가지 일을 동시에 할 수 있는

칼리 피오리나 　　　　　　 앤 멀케이 　　　　　　 맥 휘트먼

'멀티태스킹multi tasking' 능력이 있어서 다양성을 필요로 하는 미래 사회에 더 적합하다는 주장을 합니다. 그 때문에 여성 인력을 어떻게 사용하느냐에 따라 국가 경쟁력이 달라질 것이라고 예측하는 학자들도 있습니다. '매킨지'라는 국제적인 경영자문 회사는 우리나라에 대해 우수한 여성 인재를 쓰는 것이야말로 국가 경쟁력을 높이게 될 것이라고 지적하며, 더 많은 여성들이 사회에 참여하도록 기회를 주어야 한다는 조언을 했습니다. 세계경제포럼도 한국의 경제는 고학력 여성을 어떻게 활용하는가에 달려 있다며 여성의 역할에 주목하였습니다.

---

* 휴렛팩커드사　윌리엄 휴렛과 데이브 팩커드가 공동 설립한 전자통신 기업. 미국 캘리포니아주에 본사를 두고 있으며, 개인용 컴퓨터, 노트북, 서버, 프린터 등의 다양한 제품을 생산한다.
* 제록스사　미국의 사무용 복사기 제조회사로 출발하여 1969년 디지털 · 컴퓨터 회사를 인수하고 정보통신 분야로 사업 범위를 넓히고 있다.
* 이베이　온라인 경매, 인터넷 쇼핑몰 회사. 미국의 피에르 오미디아르가 설립했으며, 페어팔, 검트리, 스카이프 등의 회사를 소유하고 있다.

자신의 일을 가지고 경제적으로 독립하면 삶이 자유로워집니다. 자신의 생계를 책임질 수 있는 사람은 다른 사람에게 의지하지 않고 스스로 삶의 방향을 결정할 수 있기 때문입니다. 주체적인 삶은 생계를 다른 사람에게 의존하지 않고 자신의 능력으로 해결할 때 가능합니다. 자유롭고 주체적인 삶을 살 수 있도록 앞으로 어떤 일을 하며 어떻게 살아갈 것인지 미래의 직업 계획을 세워 보면 어떨까요? 자신의 계획에 맞추어 차근차근 준비하고, 대학을 진학할 때에도 그에 맞는 전공을 선택하여 꾸준히 노력하다 보면, 여러분들은 언제가 자신이 꾼 꿈과 만나게 될 것입니다.

딸과 아들을 일터에 데려가는 날

미국에서는 매년 4월 넷째 목요일에 '딸과 아들을 일터에 데려가는 날'Take Our Daughters and Sons To Work Day이라는 행사를 벌이고 있다. 이 행사는 1993년 양성평등한 사회를 만들기 위해 설립한 미즈재단에서 8~18세 사이의 여자아이들에게 다양한 직업 기회를 체험하고, 성역할에 대해 생각해 보도록 하기 위해 처음 만들었다. 사춘기 이전의 소녀들에게 직접 일터를 방문하여 미래에 어떤 일을 할 것인지, 어떤 직업을 가질 것인지 사전에 경험해 보라는 뜻에서 기획한 것이다. 처음에는 여자아이들을 위해 만들었지만 2003년부터 남자아이들도 함께 참가하는 행사로 바뀌었다.

미국에서는 이 행사를 아주 중요하게 생각해 행사일과 시험일이 겹칠 경우 시험일자를 다른 날로 바꿀 정도다. 실제로 1999년 뉴욕시에서는 이 날을 위해 시험일자를 다른 날로 바꾸기도 했다. 행사를 위한 사이트가 개설되어 있어서 어떤 직장을 방문할 수 있는지 알아볼 수 있고, 데려갈 사람이 없는 경우에는 같이 갈 사람도 연결시켜 주는 등 도움을 주고 있다.

오바마 미국 대통령의 부인 미셸 오바마 여사가 '딸과 아들을 일터로 데려가는 날' 행사를 맞아 백악관의 일을 알고 싶어 방문한 아이들의 질문에 답하고 있다(2011년).

5장

여성 리더의 등장과
새로운 리더십

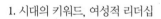

1

시대의 키워드, 여성적 리더십

리더십이 바뀌고 있다

　최근 정보기술이 눈부시게 발전하면서 우리 생활에는 많은 변화가 일어나고 있습니다. 인터넷을 이용하여 원하는 정보를 쉽게 찾을 수 있고, 여러 가지 일을 집에서 간편하게 처리할 수 있습니다. 구청이나 주민센터와 같은 공공기관에서 증명서를 발급받는 일도 인터넷이 연결된 곳이라면 어디서든 해결할 수 있고, 다른 사람에게 돈을 보낼 때도 은행을 가지 않고 인터넷을 이용해 편리하게 처리할 수 있습니다. 또 바다 건너 멀리 외국여행을 할 때도 인터넷 사이트에 들어가서 묵을 곳을 직접 예약할 수 있습니다. 방학 때면 배낭여행을 떠나는 많은 대학생들이 인터넷을 통해 숙소를 정하고, 인터넷에 있는 여행 정보를 통해 시간과 비용을 사전에 점검하여 낭비 없는 알찬 여행을 준비하여 떠납니다.

인터넷은 우리 생활을 편리하게 만들지만 사람과의 관계에도 많은 변화를 가져왔습니다. 모르는 사람과도 '채팅'을 통해 친구가 될 수 있고, 직접 만나지 않아도 홈페이지에 들러 글을 남기며 우정을 이어갈 수 있습니다. 바다 건너 외국에 살고 있는 친구와는 화상 전화를 통해 마치 옆에 있는 것처럼 얼굴을 보며 이야기를 나눌 수 있어 그 순간만은 멀리 있다는 사실을 잊을 정도입니다. 인터넷이 없을 때는 외국에 있는 친구에게 편지를 보내려면 한 달 정도나 걸렸지만 지금은 전자메일로 단번에 보낼 수 있습니다. 이런 모든 일들이 컴퓨터를 이용하는 정보통신 기술로 이루어집니다.

정보통신 기술은 아주 빠르게 변화하기 때문에 그에 맞춰 우리 생활도 빠르게 바뀌고 있습니다. 새로운 기술이 하루가 다르게 선보이고, 새로운 말들도 수시로 만들어집니다. 빠른 기술의 변화는 우리의 생활만 바꾸는 것이 아닙니다. 새로운 상품으로 만들어져 소비자들을 유혹합니다. 기술 발전으로 새로운 상품이 속속 나오면서 회사들의 경쟁은 더욱 치열해지고 있습니다. 회사는 소비자가 어떤 상품을 원하는지 알아내 그들이 원하는 물건을 다른 회사보다 먼저 개발하여 만들어내려고 전쟁을 방불케 하는 경쟁을 합니다. 그래야만 회사가 살아남을 수 있으니까요.

과거에는 몇 가지 상품을 많이 만들어 파는 방법으로 이익을 얻을 수 있었습니다. 그러나 지금의 소비자들은 자신의 개성을 무엇보다 소중하게 여겨 다른 사람들과 같은 물건을 사려고 하지 않습니다. 따라서 회사는 예전과 달리 소비자의 기호에 맞추어 다양한 상품을 개발하고 생산해야 합니다. 이런 변화에 잘 대처하려면 회사 조직이 아주 빠르게 변해야 합니다. 빠른 변화에 적응하는 정도를 유연성이라 부르는데, 회사나 조직이 유연해지기 위해서는 무엇보다 구성원들 사이에 의견 교환이 자유로워야 합니다. 서로 자유롭게 의견을 교환할 때 협력이 잘 되고 이견을 좁혀 빠르게 변화할 수 있기 때문입니다.

그런데 자유로운 의견 교환은 조직이 평등하고 민주적일 때 훨씬 효율적으로 이루어집니다. 그래서 많은 조직들이 상사의 명령에 무조건 복종하고 움직이는 형태보다는 구성원 각자가 동등한 입장에서 의견을 표현하고 협력하는 형태인 '팀'제로 바뀌고 있습니다.

이렇게 조직형태가 변하자 조직을 이끌어가는 리더십도 바뀌고 있습니다. 과거에는 조직의 규모가 크고 상하관계가 분명했기 때문에 강한 카리스마를 가진 리더가 필요했습니다. 그러나 지금과 같은 팀 방식의 조직에서는 다른 사람의 의견에 귀 기울이고 존중하는 민주적인 리더십이 잘 맞습니다. 그래서 시대의 변화에 맞춘 새로운 리더십이 필요하다는 말을 많이 하고 있습니다.

여성적 리더십을 선택하는 사람들

한 취업정보회사에서 1,000명이 넘는 직장인들을 대상으로 어떤 리더십을 더 선호하는지 조사한 적이 있습니다. 그런데 조금 특별한 조사결과가 나왔다고 합니다. 조사에 참여한 사람의 67.1%가 여성적 리더십을 더 좋아하고, 여성적 리더십을 보이는 상사를 더 좋아한다고 대답했기 때문입니다. 또한 응답자들은 성과를 올리는 데에도 여성적 리더십이 더 효과적이라고 답했다고 합니다. '남성적(전통적) 리더십'이 아니라 '여성적 리더십'이라고 대답한 것입니다. 이들은 왜 여성적 리더십을 선택했을까요? 그리고 여성적 리더십이란 어떤 리더십을 말하는 것일까요?

'여성적 리더십'이라는 용어는 1985년 미국의 '마릴린 로덴'이라는 학자가 처음 사용한 뒤 퍼져 나가기 시작했습니다. 로덴은 사회가 빠르게 변화함에 따라 리더의 명령에 무조건 복종하고 따르는 과거 방식의 리더십은 더 이상 효율적이지 않다며 새로운 리더십으로 바뀌어야 한다고 주장했습니다. 그러면서 시대에 맞는 리더십으로 제시한 것이 바로 '여성적 리더십'입니다.

여성적 리더십은 구성원들을 존중하고 서로 경쟁하기보다 협력을 더 중요하게 생각하는 리더십을 말합니다. 조직에 속한 사람들이 평등한 관계에서 도우면서 일을 해 나가도록 이끄는 리더십이 바로 여성적 리더십인 것입니다.

여성적 리더십을 가진 조직의 리더는 자신의 권위를 앞세우거나 명령에 의해 일을 처리하지 않습니다. 리더라는 권위를 앞세워 다른 사람들을 이끌려 하기보다 조직원 스스로 그 일에 관심을 가지고 참여하고 협력할 수 있도록 동기를 부여하는 일에 더 힘을 쏟습니다.

여성적 리더십은 조직 안에 있는 조직원들을 배려하고 서로 좋은 관계를 유지하려고 애쓰기 때문에, 다른 말로 '상호적 리더십'이라고도 합니다. 또한 리더 한 사람이 권위를 독차지하는 것이 아니라 서로 그 역할을 나누어 가지기 때문에, '조안'이라는 학자는 여성적 리더십을 '분담된 리

세계를 움직인 여성들 (아웅산 수지, 오프라 윈프리, 테레사 수녀 등)

더십'이라고 부르기도 합니다.

이와 반대로 전통적인 리더십을 말하는 남성적 리더십은 리더가 강한 권위를 가지고 명령과 지시를 통해 일을 처리하는 특징을 보입니다. 남성적 리더십이 이런 특징을 보이는 것은 결과나 목표 달성을 더 중요하게 생각하기 때문입니다. 어떤 일을 할 때 참여하는 사람들이 그 일에 관심을 가지고 스스로 해 나가도록 하기 위해서는 그들을 설득하는 시간과 노력이 필요합니다. 그런데 남성적 리더십은 빠른 성과를 위해 리더의 권위에 의존하여 이런 과정을 생략하기 때문에 구성원들에 대한 배려가 적습니다. 이처럼 리더의 권위에 의존하여 일을 진행하는 특징에 따라 남성적 리더십을 다른 말로 '가부장적 리더십'이라고 부르기도 합니다.

옛날과 달리 요즘은 하나의 조직 안에 많은 구성원을 두는 방식을 좋아하지 않습니다. 커다란 조직보다는 여러 개의 소규모 팀 방식으로 나누어 운영하는 것을 더 좋아합니다. 작은 조직에 속한 사람들은 리더가 '나를 따르라'고 명령하면서 권위적으로 이끄는 것을 좋아하지 않습니다. 이들은 팀원 상호간 동등한 인격체로 여기기 때문에 평등한 관계 속에서 서로를 배려하며 협력하는 '민주적 리더십'을 더 선호합니다.

그렇기 때문에 취업정보회사의 조사에 참여했던 사람들은 민주적인 리더십, 즉 '여성적 리더십'을 보이는 리더를 선호하고 더 좋은 성과를 낼 수 있다고 대답한 것입니다.

여성적 리더십에 주목하는 이유

최근 정치, 사회, 경제, 문화 등 여러 분야에서 여성 리더들의 등장이 눈에 띄게 활발한 것을 볼 수 있습니다. 신문이나 방송 뉴스 등에서 '여풍'이라는 말을 자주 들을 수 있는 것도 그 때문입니다. 세계적으로 유명한 회사의 대표자가 된 여성 경영인들이 속속 나타나는가 하면, 20세기 이전에는 생각조차 하지 못한 여성 대통령이 선출되어 활약하는 것도 볼 수 있습니다. 국제적인 기구나 단체에서도 여성들의 활약이 두드러지고 있습니다. 이렇게 다양한 분야에 여성들이 참여하고 능력을 발휘하자 여성 리더에 대한 생각도 바뀌고 있습니다.

모두가 똑같은 것은 아니지만 여성 리더와 남성 리더는 리더십에서 차이를 보인다고 합니다. 보통 여성이 리더인 경우에 조직원들을 더 평등하게 대하고 참여를 이끌어 내려는 경향을 보이고, 남성이 리더인 경우에는 더 권위적이고 복종하게 하는 경향을 볼 수 있다고 합니다.

문제를 해결하는 방법에서도 여성 리더와 남성 리더는 서로 차이를 보인다고 합니다. '하워드'와 '브레이'라는 학자는 남자가 리더일 때보다 여자가 리더일 때 더 창조적인 방법을 사용하여 문제를 해결한다는 것을 연구를 통해 밝혀냈습니다. 이런 차이가 생기는 것은 여성 리더들이 권위를 앞세우지 않고 서로 자유롭게 의견을 교환하는 환경을 만들기 때문입니다. 자유롭게 서로의 생각을 나누다 보면 더 새롭고 창의적인 아이디어가 나올 수 있고, 자연스럽게 가장 좋은 결론에 도달할 수가 있는 것입니다. 또한 '로저'라는 학자가 연구한 것을 보면, 여성이 리더로 있는 조직에서는 상사와 부하 사이의 상하관계가 분명하지 않다고 합니다. 상하관계가 엄격하지 않기 때문에 의사소통이 활발히 이루어지고 더 좋은 방법을 찾아낼 수 있는 것입니다. 그래서 여성이 리더일 때가 보다 높은 성과를 끌어내고, 이런 점들이 새롭게 드러나면서 여성적 리더십이 주목과 관심을 받고 있는 것입니다.

그렇다면 왜 여성과 남성은 리더십에서 차이를 보이는 것일까요? 그것은 성장과정과 밀접한 관계가 있습니다. 여성들은 성장과정에서 '관계지향성'이라는 성격을 키웁니다. 관계지향성은 다른 사람들의 감정에 공감하고, 그들이 원하는 것이 무엇인지 알고 배려를 잘하며 친밀한 관계를 잘 맺는 것을 말합니다. 여성들은 이런 특징을 가지고 있기 때문에 리더가 되었을 때 남성 리더와 차이를 보이는 것입니다. 그러면 어떤 이유로 여성들이 관계지향성을 가지게 되는지 알아볼까요.

관계지향성과 여성적 리더십

앞에서도 이야기한 것처럼 유명한 정신분석학자인 프로이트는 '사람은 누구나 양성성을 가지고 태어난다'고 주장했습니다. 우리는 여성성과 남성성 모두를 가지고 태어나는데 성장과정에서 자신의 생물학적 성에 맞는 여성다움과 남성다움이라는 성역할을 익히게 된다는 것이 프로이트의 주장입니다. '낸시 초도로우'라는 정신분석학자는 이 같은 프로이트의 입장을 받아들여 성장과정에서 여성과 남성이 각각 어떤 특징을 익히는지를 연구했습니다. 연구결과 초도로우는 여성들은 다른 사람들이 무엇을 생각하고 필요로 하는지 알아 배려를 잘하고, 다른 사람의 감정에 쉽게 공감하기 때문에 친밀한 관계를 잘 맺는 '관계지향성'을 키운다는 것을 알아냈습니다.

여자들은 자기에게 어렵고 힘든 일이 생기면 그것을 감추고 혼자 해결하려 하지 않고 주변사람들에게 이야기하고 도움을 청합니다. 가령 남자친구와 헤어지게 되면 친한 친구나 선배에게 이야기하면서 이별의 슬픔을 위로받고 달래는 것이 그 예입니다. 반대로 친구에게 무슨 일이 생기면 위로해 주면서 슬픔을 공유하고 문제가 생기면 같이 해결하려고 돕습니다.

여자들과 다르게 남자들은 자신의 감정을 다른 사람들과 나누거나 함께하는 일에 익숙하지 않습니다. 슬픈 일이 생기더라도 혼자서 삭이려고 하고, 여자들처럼 친구나 주변사람들에게 이야기하여 위로받으려는 사람은 많지 않습니다. 또 어려운 일이 생겨도 다른 사람의 도움을 받기보다는 혼자서 해결하려고 합니다. 뭐든 혼자서 스스로 해결하려고 하다 보니 다른 사람의 감정을 이해하고 공감하는 능력이 여자에 비해 약한 것입니다.

남자들이 이러한 성향을 보이는 것은 여자들과 달리 어릴 때부터 다른 사람에게 의지하지 않고 독립적이어야 한다는 압력을 많이 받고 자라기 때문입니다. 그래서 자신이 힘들다는 것을 이야기하는 것은 약하고 독립적이지 못한 사람임을 드러내는 것이라 생각해 다른 사람의 도움을 받지 않고 혼자 해결하려다 보니 이런 성격을 갖게 되는 것입니다.

여기서 확인해야 하는 것은 모든 여자와 남자가 이런 특징을 가지고 있는 것은 아니라는 점입니다. 남자들 중에는 다른 사람을 잘 배려하고 자신의 일을 주변 사람들에게 잘 이야기하는 사람들도 있습니다. 또 여자들 가운데는 자신에 관한 이야기를 잘 하지 않고 혼자 해결하려고 애쓰거나 다른 사람의 감정을 살피는 데 둔감한 사람들도 있습니다. 그렇지만 성장과정에서의 차이로 여자들이 남자들에 비해 관계지향적인 성격을 가지는 경향을 보인다는 것입니다. 이런 특성 때문에 여자가 리더가 될 경우 남자가 리더가 될 때와 차이를 보이는 것입니다. 그러다 보니 미래학자들 가운데는 다른 사람의 의견을 잘 들어주고 협력을 중요하게 생각하는 여성이 미래 사회의 리더로 더 적합하다고 말하는 사람들도 있습니다.

세계적으로 유명한 여성 리더들의 활동을 살펴보면 여성적 리더십을 발견할 수 있습니다. 이들은 리더에게 필요한 강한 의지나 추진력을 가지고 있다는 점에서 남성 리더와 공통점을 보입니다. 그러나 리더라는 권위를 앞세우기보다 다른 사람을 배려하면서 함께 공존하고 협력할 방법을 찾는다는 점에서 차이가 있습니다. 또한 여성 리더들은 어려운 처지에 있는 사람이나 약자에게 관심을 가지고 이들을 도우려 한다는 점에서도 차이를 보입니다. 그리고 또 하나, 여성 리더들은 자신들 또한 여성이라는 불리한 위치를 극복하는 과정을 겪었던 탓에 양성평등한 사회를 만들기 위한 노력도 잊지 않는다는 것입니다. 그러면 세계의 여성 리더들이 어떤 모습을 보이는지 그들의 활동을 살펴보도록 할까요.

공감의 힘, 에린 브로코비치

〈에린 브로코비치〉는 제목과 같은 이름을 가진 실존 인물의 법률 소송 사건을 다룬 연화이다. 이 영화는 관계지향적인 성격이 사람들을 설득할 때 어떤 장점을 가지며 어떤 역할을 할 수 있는지 잘 보여 준다.

미국에 있는 큰 에너지 회사가 암을 일으킬 수 있는 화학물질을 제대로 처리하지 않고 버려, 근처 마을의 지하수가 오염되고 주변에 사는 사람들과 가축들이 병에 걸린다. 어린 아이들까지도 병에 걸려 고통을 받지만 회사는 보상비를 주지 않으려고 이 사실을 감추고 숨긴다.

우연히 이 사실을 알게 된 주인공 '에린 브로코비치'는 혼자 힘으로 이 문제를 파헤친다. 자신들이 왜 병이 들었는지 이유도 모른 채 고통을 받던 사람들은 브로코비치에 의해 진실을 알게 되고 그녀의 말에 따라 소송을 제기한다.

조사를 하기 위해 마을 사람들을 찾아간 브로코비치는 한 사람 한 사람 일일이 찾아가 어떤 어려움을 겪고 있는지 살펴보면서 그들의 이야기를 듣는다. 아픈 아이들의 모습을 보고는 그들의 엄마와 함께 눈물 흘리며 아이들이 겪는 고통에 진심 어린 관심을 보낸다. 소송 의뢰인이 아니라 가까운 친구나 친척을 대하듯 자신들의 말에 귀 기울이고 아픔을 함께하는 브로코비치의 모습을 본 마을 사람들은 그녀를 신뢰하여 자신들의 소송문제를 그녀에게 맡긴다. 브로코비치는 회사의 방해에 굴복하지 않고 마을 사람들이 당하고 있는 고통을 덜어주기 위해 자기 일처럼 최선을 다했고, 마침내 회사는 잘못을 인정하고 그들에게 거액을 배상금을 물어 주게 되었다.

2
세계를 바꾼 여성 리더들

환경운동의 상징, 페트라 켈리

독일의 녹색당은 환경과 생명을 무엇보다 중요하게 생각해 이를 보호하고 지키는 일을 하기 위해 만들어진 정당으로 유명합니다. 녹색당이 만들어지면서 자연을 보호하자는 녹색운동이 전 세계로 퍼져나갔습니다. 이 녹색당을 만들고 이끈 사람은 '페트라 켈리'라는 여성 정치인입니다.

켈리는 녹색당을 만든 사람답게 평화운동과 환경운동을 위한 일에 앞장섰습니다. 켈리가 환경운동에 남다른 관심을 가지게 된 계기는 어린 여동생이 병에 걸려 죽는 것을 보아야 했던 개인적인 아픔에서 비롯된 것이라고 합니다. 그녀에게는 여동생인 그레이스가 11살이라는 어린 나이에 암에 걸려 죽어가는 것을 직접 목격한 불행한 경험이 있습니다.

페트라 켈리
독일의 시민운동가로 생태와 여성, 비폭력을 기조로 하는
녹색당을 만들었다.

켈리의 동생에게 암이 생긴 것은 새아버지 때문이었습니다. 그녀의 새
아버지는 핵폭탄이 떨어진 일본에서 근무한 적이 있었는데, 그때 방사
능의 영향을 받았던 것입니다. 아버지에게 미친 방사능의 영향이 동생
에게 전해져 병에 걸렸고, 어린 나이에 암과 싸우다 그만 세상을 떠나야
했던 것입니다. 이 사실을 알게 된 켈리는 핵과 같이 지구와 사람을 병
들게 하는 것들이 사라지는 세상을 만들기 위해 환경운동가가 되었습니
다. 그리고 마침내 이 일에 몰두하기 위해 '환경', '인권', '평화'를 목적으
로 하는 정당, 녹색당을 만들었습니다.

처음 녹색당은 6,000명이라는 소수의 사람들로 시작했습니다. 그러
나 곧 사람들의 열렬한 지지를 받아 참여자가 점점 더 늘어났습니다. 이
런 지지가 바탕이 되어 1983년에는 처음으로 국회의원을 배출했고, 이
때 켈리 또한 국회의원으로 선출되었습니다. 국회에 출근하는 첫날 켈

리는 환경운동가답게 청바지를 입고 화단에 물을 주면서 들어가 사람들의 이목을 끌었다고 합니다. 국회의원으로 활동하면서 그녀는 많은 사람들을 죽이고 병들게 하는 핵무기를 만들지 못하도록 반대하는 일에 참여하고, 통일을 이루기 위한 일에도 힘을 쏟았습니다. 켈리가 국회의원이던 당시 독일은 우리나라처럼 동독과 서독으로 나뉜 분단국가여서 이일에 앞장섰던 것입니다. 이런 활동을 통해 켈리는 정치가로서 이름을 높여 갔습니다.

켈리가 만든 녹색당은 여성의 정당으로 불릴 정도로 여성들의 참여가 높아, 창립 당시부터 많은 여성들이 당의 중요한 자리를 맡아 이끌어가고 있습니다. 녹색당은 세계의 정당 가운데 처음으로 양성평등을 위해 국회의원 선거에 출마할 사람을 뽑을 때 여성이 50%가 되어야 한다는 조항을 만들었습니다. 녹색당이 이런 조항을 만들자, 세계 여러 나라에서 이 조항을 본떠 여성 국회의원 수가 많이 늘어났다고 합니다. 우리나라에서도 17대 국회의원을 뽑을 때 비례대표 국회의원 선정에 이 조항을 적용하여 여성 국회의원 수가 크게 늘어나는 계기가 되었습니다.

켈리는 대학에 다닐 때부터 환경문제뿐만 아니라 여러 사회운동에 참여하며 사회를 바꾸고 변화시키기 위한 활동을 했습니다. 그녀는 특히 약자를 위한 활동에 힘을 써 인종차별, 여성평등, 인권 등의 문제에 관심을 가지고 차별받는 사람들을 돕기 위해 애썼습니다. 흑인을 차별하는 일에 반대하며, 소수 민족의 인권을 위한 일에 노력을 아끼지 않았습니다. 그 중에서도 중국의 지배를 받는 티베트인들의 독립을 돕기 위해 많은 일을 하여 티베트의 독립 운동은 페트라 켈리로 인해 국제적인 관심을 받을 수 있었습니다.

　유난히 몸이 약해 자주 쓰러지면서도 다른 사람을 돕는 일에 앞장서, 켈리는 정치가가 된 지 얼마 되지 않아 세계적으로 유명한 정치인이 되었습니다. 녹색당이 정당으로 인정을 받고 안정되자 그녀는 당을 떠나 유럽 공동체에서 일하면서 인권운동과 환경운동을 계속해 나갔습니다.

　환경운동의 상징이 된 켈리가 죽고 난 뒤 '하인리히 뵐 재단'은 그녀의 업적을 기념하기 위해 매년 인권과 평화를 위해 활동하는 사람들을 뽑아 '페트라 켈리 평화상'을 수여하며 그녀를 기리고 있습니다.

침팬지의 어머니, 제인 구달

　제인 구달은 유난히 동물을 좋아하던 소녀였습니다. 어린 시절부터 아프리카에 관한 책을 읽으며 그곳에서 야생동물들과 함께 살겠다는 꿈을 키우고 그 날을 기다렸습니다. 26살이 되던 해, 그녀는 가슴 속에 품어 왔던 꿈을 이루기 위해 아프리카로 건너가려고 했습니다. 그런데 정부에서는 젊은 여자 혼자서 정글에 가는 것이 위험하다며 허락하지 않으려 했습니다. 구달은 만약 자신이 다치면 간호사인 어머니가 치료해 줄 것이라고 설득하여 마침내 허락을 받아 냈습니다. 아프리카에 간 구달은 탄자니아의 곰비 계곡에서 정글 속 동물들의 온갖 위험에 맞서며 야생 침팬지를 연구해 많은 새로운 연구 업적을 남겼습니다.

　구달이 처음 연구를 시작했을 때, 침팬지들이 그녀를 경계하며 숨어

제인 구달
영국의 동물학자이자 환경운동가로
침팬지와 같이 있는 모습

버려 접근조차 할 수 없었다고 합니다. 그러나 포기하지 않고 15개월 동안이나 참을성 있게 기다리자, 침팬지들이 먼저 경계를 풀어 구달은 가까이서 이들을 관찰할 수 있게 됩니다. 구달은 이 기회를 놓치지 않으려고 인내심을 가지고 매일 12시간씩이나 관찰하는 일을 계속했습니다. 그러자 나중에는 오히려 침팬지들이 그녀에게 다가와 같이 놀자고 할 정도가 되었다고 합니다. 이는 침팬지들이 그녀를 그들 집단의 일원으로 받아들였다는 것을 의미합니다.

침팬지들과 가까워지면서 구달은 이전에는 알지 못했던 새로운 사실들을 밝혀낼 수 있었습니다. 침팬지들도 지능을 가지고 있으며, 생활이나 가족관계가 사람과 비슷한 점이 많다는 것입니다. 구달의 연구가 발표되기 전까지 도구는 지능을 가진 인간만이 사용하는 것이라고 알려져 있었습니다. 그러나 그녀는 배고픈 침팬지가 먹을 것을 찾기 위해 나뭇

가지를 흰개미 집에 집어넣어 개미를 잡아먹고, 나무 잎사귀를 이용하여 물을 마시는 것을 보고 동물도 도구를 사용한다는 것을 알아냈습니다. 또한 채식동물로 알려진 침팬지들이 때로는 육식을 한다는 사실도 밝혀 내 침팬지에 대한 이전의 생각을 바꿔 놓았습니다.

그녀의 이런 놀라운 발견은 침팬지에 대해 누구보다도 깊은 애정을 가지고 꾸준히 접근했기 때문에 가능한 일이었습니다. 연구를 할 때 구달은 침팬지들에게 번호를 붙여 연구하던 방식을 따라 하지 않고 일일이 이름을 붙여 주고 관찰했다고 합니다. 이렇게 애정을 가지고 그들을 관찰했기 때문에 침팬지 가까이 갈 수 있었고, 다른 사람들은 할 수 없었던 새로운 사실들을 발견할 수 있었던 것입니다. 이런 연구 성과를 인정받아 구달은 고등학교만 졸업하고도 대학원에 진학하는 자격을 얻었고 박사학위를 받았습니다.

구달의 연구대상은 침팬지였지만 이 연구를 하면서 구달은 자연스럽게 환경문제에도 관심을 가지게 되었습니다. 사람들이 야생동물을 사냥하여 사고팔아 동물들이 멸종해 가는 것을 보고, 또 정글을 파괴하여 더 이상 동물들이 살 수 없는 곳으로 만드는 것을 보면서, 구달은 동물들이 살 수 없는 곳은 인간도 살 수 없는 곳이 된다는 생태환경의 중요성을 알게 되었던 것입니다. 그래서 지금은 연구를 그만두고 우리가 살고 있는 지구 환경을 지키고 더 좋게 만들기 위해 전 세계를 돌아다니며 환경운동과 동물보호 운동을 하고 있습니다. 인간과 동물이 함께 공존할 때 비로소 인간도 살 수 있다는 것을 전 세계인들에게 일깨워 주면서 '모든 생명은 소중하다'는 것을 알리는 활동을 하고 있는데, 우리나라에도 여러 차례 방문하여 강연을 한 적이 있습니다.

　이런 활동과 업적들로 구달은 영국 왕실로부터 국가 훈장과 작위를 받았습니다. 그녀의 업적은 세계도 인정하여 기초과학상인 '교토상'과 내셔널지오그래픽 소사이어티가 주는 '허바드상'을 비롯한 많은 상을 받았습니다.

식민지의 아픔을 씻어낸 대통령, 메리 매컬리스

　1997년 인구 400만의 유럽의 작은 나라 아일랜드에서 두 번째 여자 대통령이 탄생했습니다. 기자와 법학 교수를 지낸 '메리 매컬리스'가 상대 후보자를 많은 표차로 따돌리고 대통령으로 당선된 것입니다. 사람들이 매컬리스를 선택한 것은 누구보다도 그녀가 도덕적이라는 것을 믿었기 때문이었습니다. 그러나 많은 사람들의 지지를 받아 대통령이 되었지만, 정치가가 아닌 학자 출신이 대통령직을 잘 수행할 수 있을까 걱정 어린 마음을 가진 사람들이 많았다고 합니다. 그런데 얼마 지나지 않아 매컬리스는 이런 걱정을 보기 좋게 날려 버렸습니다. 이전에는 누구도 하지 못했던 놀라운 성과를 이끌어내 아일랜드를 새로운 나라로 만들었기 때문입니다.

　아일랜드는 수천 년 동안 영국의 침략을 받고 식민지로 지배당하면서 고통을 겪었던 나라입니다. 그래서 1980년대까지만 해도 가난에서 벗어나지 못하고 유럽에서 후진국으로 여겨졌습니다. 이런 아일랜드가 여성

메리 매컬리스
아일랜드의 두 번째 여자대통령

대통령인 매컬리스가 취임하면서 높은 경제성장을 이루어내고 오히려 영국보다 더 잘사는 나라로 탈바꿈하게 된 것입니다.

대통령직을 수행할 때 매컬리스는 이전의 대통령들과 많은 차이를 보였다고 합니다. 자신이 무슨 일을 하는지 모든 일정을 사람들에게 공개하고, 누구든 대통령을 필요로 하면 찾아가 그들이 원하는 것이 무엇인지 귀 기울이고 들으려 노력했습니다. 이렇게 대통령이라는 권위를 앞세우지 않고 국민들 가까이에 다가가려 한 남다른 모습 때문에, 7년의 첫 임기를 마치고 다시 선거에 출마했을 때 국민들의 지지가 얼마나 높았던지 다른 당에서는 아예 출마자를 내지 못할 정도였다고 합니다.

매컬리스 대통령은 여성에 대한 차별을 없애려는 일도 많이 했습니다. 특히 여성과 남성 사이의 임금 차별을 없애기 위해 많은 애를 썼다고 합니다. 이런 리더십을 보였기 때문에 사람들은 여성 대통령을 새로운 시

각으로 바라보게 되었고, 그것은 다른 여성들이 정치 무대에 진출하여
활약하는 데 발판이 되었습니다.

아일랜드는 종교문제와 함께 영국으로부터 독립을 원하는 사람들과
원하지 않는 사람들 사이에 갈등이 심해 폭력사태가 계속되어 세계적으
로도 불안한 나라 중 하나로 꼽힙니다. 사실은 이런 일 때문에 매컬리스
대통령도 고향인 벨파스트를 떠나야 했고 한동안 극심한 가난에 시달렸
다고 합니다. 매컬리스 대통령은 자신의 조국이 이런 불명예에서 벗어
나 평화롭게 살도록 하기 위해 재임기간 중 많은 노력을 기울였습니다.

매컬리스 대통령은 재임시절인 2005년 우리나라를 방문하여 두 나라
가 서로 도움을 주고 협력하기로 회담을 한 바도 있습니다.

세계 최초의 여성 대통령, 비그디스 핀보가도티르

1980년 바이킹의 나라 아이슬란드에서는 최초의 여성 대통령이 선출
되었습니다. 교수 출신인 '비그디스 핀보가도티르'라는 여성이 3명의 남
자 경쟁자를 물리치고 당당하게 대통령으로 당선된 것입니다. 핀보가도
티르는 아이슬란드 최초의 여성 대통령이면서 동시에 세계에서도 처음
으로 투표에 의해 대통령으로 선출된 여성입니다. 대통령으로 취임하고
난 뒤 그녀는 역대 어느 대통령보다 많은 업적을 남겨 아이슬란드의 발
전을 이끌었습니다.

핀보가도티르는 대통령직을 수행하면서 많은 업적을 남겼지만 특히

비그디스 핀보가도티르
세계에서 최초로 여성 대통령으로 선출되었다.

여성과 남성이 평등한 나라를 만들기 위해 많은 힘을 썼습니다. 그녀는 먼저 유치원과 같은 육아시설을 많이 만들어 아이를 가진 엄마들이 마음 놓고 일하도록 했습니다. 이런 환경을 만든 덕분에 아이슬란드는 학력이 높은 여성의 취업률이 세계에서 가장 높은 나라 중 하나가 되었습니다. 그래서 유엔이 각 나라가 여성에게 얼마나 많은 권한을 주는지를 측정하는 '여성권한척도(GEM)'에서 매년 최상의 국가로 평가받고 있습니다.

이처럼 핀보가도티르는 대통령으로 일하는 동안 여성들이 사회에 참여하도록 돕는 것은 물론, 어려운 사람에게도 많은 관심을 가지고 다가 갔기 때문에 국민들로부터 사랑받고 높은 신임을 얻었습니다. 무려 4번에 걸쳐 당선되어 16년 동안이나 대통령직을 수행한 놀라운 기록이 이를 증명합니다. 이런 업적을 인정받아 1990년 핀보가도티르는 세계적인 여성단체에서 주는 지도자상을 받기도 했습니다.

이렇게 핀보가도티르 대통령이 자신의 임무를 훌륭하게 수행하자 여성 정치가를 보는 시각도 바뀌기 시작했습니다. 재미있는 것은 그녀가 16년이라는 세월 동안 대통령을 하자 한때 '대통령은 누가 하는 것이냐?'는 질문에 많은 초등학생들이 '여자가 하는 것'이라고 대답할 정도였다고 합니다.

핀보가도티르 대통령은 4번에 걸친 임기를 성공적으로 수행하여 세계적인 여성 정치가로 인정받았습니다. 이후 그녀가 대통령에서 물러나자 유엔에서 그녀에게 중요한 직책의 일을 맡겼습니다. 그녀는 유네스코의 대사로 임명되어 사라져 가는 세계 곳곳의 언어들을 보호하는 일을 하며, 인종차별에 반대하고 외국인을 미워하고 학대하는 차별을 없애기 위한 활동을 이끌었습니다.

HP 기업 최고 경영자, 칼리 피오리나

'칼리 피오리나'는 평범한 사원에서 출발하여 팀장을 거쳐 간부 사원을 지내고 마침내 세계적인 기업인 '휴렛팩커드(HP)'의 최고 경영자가 된 여성입니다. 피오리나가 처음 경영인으로 선발되었을 때 사람들은 그녀가 과연 이 큰 기업을 제대로 이끌어 나갈 수 있을 것인지 의심의 눈초리로 보았다고 합니다. 그러나 그녀는 그 의심을 곧바로 잠재웠습니다. 특히 여러 사람들의 반대를 무릅쓰고 다른 회사와 합병하는 일을 성공적으로 이뤄내 더 이상 경영인으로서 그녀의 능력을 의심하지 못하도록

칼리 피오리나
휴렛팩커드의 최고 경영자를 지냈다.

한 일은 아주 유명합니다.

휴렛팩커드에서 경영자로 일할 때 피오리나는 이전의 경영인과는 다른 모습을 보였다고 합니다. 직원들 가운데 누군가 큰 계약에 성공하거나 회사에 공을 세우면, 그 직원에게 꽃과 선물을 보내 축하를 해주었습니다. 그리고 직원의 가족 중에 누군가가 병에 걸리면 자신이 잘 아는 의사를 추천해 주면서 도왔습니다. 이렇듯 세심하게 부하직원들을 배려하자 그녀가 휴렛팩커드를 그만두고 떠날 때 전 세계에 있는 수천 명의 직원들이 편지를 보내 그녀가 떠나는 것을 아쉬워했다고 합니다. 그들은 '당신 때문에 우리는 상상할 수도 없었던 업적을 이루었다'고 편지에 써서 그녀에게 감사의 마음을 전했습니다.

피오리나는 리더십에 대해 남다른 생각을 가진 경영인이었습니다. 그녀는 리더란 다른 사람을 돕는 사람이지 다른 사람을 지배하고 복종하게 하는 사람이 아니라고 생각했습니다. 진정한 리더는 앞에서 지도하고 이끌어가는 것이 아니라 다른 사람에게 할 수 있다는 용기를 주고 자신감을 키워 주는 것이라고 생각했습니다. 그래서 누구보다 부하직원들을 세심하게 보살피고 격려했습니다. 이런 리더십을 보였기에 많은 직원들이 그녀가 떠날 때 그토록 아쉬워했던 것입니다.

피오리나가 부하직원들을 배려하고 관심을 가졌던 것은 누구도 혼자서는 성공할 수 없다는 사실을 잘 알고 있었기 때문입니다. 그녀는 성공하기 위해서는 함께 일하는 사람들이 서로 협력하고 소통하는 것이 그 무엇보다 중요하다는 것을 누구보다 잘 알고 있었습니다.

피오리나가 이런 생각을 가지게 된 것은 고등학교 때에 했던 자원봉사에서 비롯된 것이라고 합니다. 정신지체아 소년을 가르치는 일을 한 피오리나는 무려 6주 동안 그 소년에게 눈과 귀를 구분하여 말하는 방법을 가르쳤고, 마침내 소년은 두 단어를 구분할 줄 알게 되었습니다. 이 일을 계기로 그녀는 다른 사람이 뭔가 할 수 있도록 돕는 것이 얼마나 중요한가를 깨달았고, 또 다른 사람과 어떻게 소통해야 하는지 그 방법을 알게 되었습니다.

피오리나는 다른 사람들과 의사소통을 하는 데 남다른 능력을 가지고 있었다고 합니다. 소년을 가르치는 자원봉사를 통해서도 이런 점을 배우기도 했지만, 이사를 자주 다녀야 했던 성장기의 경험에서도 배웠습니다. 그녀의 가족은 법학 교수였던 아버지 때문에 여러 곳으로 이사를 다니는 생활을 했습니다. 심지어는 아프리카의 수단이라는 나라에서도 살았다고 합니다. 이렇게 여러 지역과 나라로 이사를 다니며 새로운 친구를 사귀는 과정에서 다른 사람들과 의사소통 하는 법을 배웠던 것입니다. 이런 능력을 바탕으로 피오리나는 세계 최고의 경영인 자리에 올랐고 그녀만의 독특한 리더십을 발휘하여 회사를 이끌었던 것입니다.

피오리나는 경영인으로 일하면서 여성들이 일하는 데 어려움이 없도록 하기 위해서도 많은 일을 했습니다. 여자들에게 불편한 근무환경을 바꾸고, 승진할 때에도 여자라고 하여 차별하지 못하도록 했습니다. 이렇게 하자 '루슨트테크놀로지'라는 회사에 근무할 때에는 심지어 그녀의 팬클럽이 만들어질 정도였다고 합니다.

피오리나가 경영인으로 성공적인 모습을 보이자 〈포춘〉이라는 잡지는 그녀를 세계에서 가장 영향력 있는 여성 1위로 선정하였습니다. 그리고 그 후에도 무려 다섯 번이나 더 선정되었습니다. 그녀의 성공은 여성 경영인을 보는 사람들의 생각을 바꾸는 계기가 되었고, 그로 인해 많은 세계적인 기업에 여성 경영인들이 참여하게 되었습니다.

체로키족 대추장, 윌마 맨킬러

윌마 맨킬러는 미국에서 두 번째로 큰 원주민 부족인 '체로키'족의 추장을 지낸 여성입니다. 체로키족인 아버지와 백인 어머니 사이에서 태어난 맨킬러는 어린 시절에는 태어난 고향 오클라호마에서 자랐습니다. 그곳에서 친척들에게 체로키 부족의 역사에 관한 이야기를 들으며 행복

월마 맨킬러
여성으로서 최초로 대추장이 되었다.

한 시간을 보내던 맨킬러는, 11살이 되던 해 가족들과 함께 고향을 떠나야만 했습니다. 원주민을 백인들과 동화시키기 위해 국가가 강제로 이들을 도시에 가서 살도록 해, 맨킬러의 가족은 고향인 오클라호마를 떠나야 했고 샌프란시스코로 이사했습니다.

비록 도시에 와서 살게 되었지만 맨킬러는 체로키 고향을 잊을 수가 없었습니다. 그래서 서른두 살이 되던 해 오클라호마로 다시 돌아갔습니다. 고향으로 돌아간 맨킬러는 체로키 부족을 위해 일하기 시작했습니다. 미국 원주민인 인디언에 대한 차별을 없애고 권리를 회복하기 위한 일에 앞장서고, 백인들에게 원주민의 역사와 문화를 알려 그들에 대한 잘못된 생각을 바꾸고 새롭게 일깨워 주었습니다.

이렇게 맨킬러가 누구보다 열정적으로 부족을 위해 일하자 사람들은 맨킬러에게 체로키 부족의 대추장을 뽑는 선거에 출마할 것을 권유했습니다. 그녀가 그들의 뜻을 받아들여 출마를 결정하자 여자라는 이유로 반대하는 사람들이 나타났습니다. 그들은 선거운동을 하는 맨킬러를 찾아와 옷을 찢기도 하고, 심지어 죽이겠다는 위협을 하기도 했습니다. 그러나 맨킬러는 이러한 위협에 굴하지 않고 끝까지 선거에 참여해 여성으로서는 처음으로 대추장으로 선출되었습니다.

추장이 된 다음에도 맨킬러는 여자라는 이유로 수많은 반대에 부딪쳤습니다. 그러나 그녀는 끝까지 자신감을 가지고 추장직을 수행해 나갔습니다. 그녀는 추장으로 있으면서 부족한 병원과 탁아소를 지어 부족민들의 건강과 교육 그리고 복지 문제를 탄탄하게 만들었습니다. 그리고 환경운동도 활발하게 벌여 부족민들이 살고 있는 터전을 지켜 나갔습니다.

추장이 되기 전 맨킬러는 심한 교통사고를 당해 무려 17번이 넘는 수술을 해야만 했습니다. 이런 힘든 과정을 겪으면서 그녀는 거기에 굴하지 않고 어떤 어려움도 이겨낼 수 있는 강한 자신감을 얻었다고 합니다. 그리고 이 자신감을 자신의 부족을 위한 일에 사용했던 것입니다. 그 뒤에도 맨킬러는 두 번이나 더 추장에 당선되어 성공적으로 직무를 수행했습니다. 이렇듯 맨킬러가 자신의 임무를 잘 수행해 내자 체로키 부족의 아이들은 여자도 추장이 될 수 있다는 사실을 받아들이게 되었습니다.

이런 업적으로 맨킬러는 1987년 인디언 운동뿐만 아니라 여성운동에도 힘을 쓴 공적을 인정받아 미국의 양성평등 잡지 〈미즈〉지로부터 '올해의 여성상'을 수상하였습니다. 그 이듬해인 1998년에는 빌 클린턴 대통령으로부터 미국 민간인으로는 최고의 영예인 '자유의 메달'을 받았습니다.

이렇게 사람들의 인정을 받으면서 맨킬러는 인디언의 지도자에서 점차 세계적으로 주목받는 정치 지도자로 떠올랐습니다.

3

"나, 미래의 리더야!"

자 여러분, 어땠나요? 여성 리더들의 활동에서 다른 점을 발견할 수 있었나요? 우리가 살펴 본 여성 리더들은 리더라는 권위에 기대어 사람들을 이끌려 하지 않고, 다른 사람들을 배려하고 도움을 주는 리더가 되려고 한 것을 볼 수 있었을 것입니다. 그리고 양성평등한 사회를 앞당기는 일을 잊지 않았다는 점에서도 차이점을 발견할 수 있었을 것입니다. 이런 점을 보면 여성 리더가 얼마나 중요한지 다시 한 번 확인하게 됩니다.

과거에 여성들은 사회활동을 할 기회가 드물어 리더로서의 자격이 부족한 사람으로 여겨졌습니다. 사회에서 중요한 일을 하는 여성의 수는 극소수에 불과해 리더십을 발휘할 기회도 거의 없었습니다. 설령 기회가 주어진다고 해도 여성에 대한 차별 때문에 성공하는 것이 매우 힘들었던 것이 현실이었습니다. 그래서 불과 얼마 전까지만 해도 리더는 남자가 하는 것이고, 리더십은 남자의 전유물로 생각되었습니다. 그러나 앞에서 살펴본 것처럼 여성 리더들이 등장하고 남성을 능가하는 능력을 보이면서 여성 리더에 대한 시각도 변하고 있습니다.

여성의 사회진출이 늘어나고 여성과 남성 사이 평등한 관계를 중요시하는 양성평등 사회로 변하면서, 여성 리더의 필요성이 점점 더 높아지고 있습니다. 실제로 리더가 되는 여성들의 수도 늘어나고 있습니다. 그래서일까요. 이제는 정치나 사회뿐만 아니라 기업에서도 여성 인재를 찾고 여성적 리더십을 활용하는 것은 선택의 문제가 아니라고 주장하는 학자들도 있습니다. 미국에서는 벌써 다른 사람의 말을 잘 들어주고 배려하는 여성적 리더십을 경영학에 응용하고 있습니다.

여기서 우리가 또다시 확인할 것은, 앞에서 지적했던 것처럼 여성이라고 하여 반드시 여성적 리더십을 가진 것은 아니라는 사실입니다. 또 남성이라고 해서 여성적 리더십을 가지지 못하는 것은 아닙니다. 여자, 남자라는 성별에 관계없이 누구든 다른 사람을 배려하고 민주적인 방식으로 조직을 이끌어 나가는 사람이 여성적 리더십을 가진 사람입니다. 따라서 현대사회와 미래사회가 필요로 하는 여성적 리더십을 키울 필요는 여자든 남자든 모두에게 공통되는 것입니다. 그런 점에서 자신이 어떤 성격을 가지고 있는지 한번 살펴볼 필요가 있겠지요.

이 글을 읽는 여러분 모두는 우리나라 미래의 주인공입니다. 20년이나 30년이 지나고 나면 바로 여러분들이 우리 사회의 주역으로 활약할 시간이 꼭 올 것이기 때문입니다. 그때가 되면 여러분 모두 각자 하고 있는 일에서 인정받는 사람이 되리라 생각합니다. 그때를 대비하여 내가 어떤 사람인지 어떤 능력을 가지고 있는지 자신을 들여다보고 준비한다면, 여러분은 분명 내일, 미래의 리더가 될 수 있을 것입니다!